／ハイフレックス型授業のための／

ななみ書房編集部　編

ななみ書房

もくじ

授業目的公衆送信補償金制度について	6

第1章　児童福祉とは何か

1-101　児童福祉関係法における子どもの範囲

2-208	男女の未婚率の推移	11
2-209	平均初婚年齢の推移	12
2-210	理想の子ども数と実際の子ども数の推移	12
2-211	全国20歳以上の男女5,000人を対象とした世論調査の結果	13
2-212	夕食の共食状況	14
2-213	小中学生の朝食の欠食状況	14
2-214	園児の生活習慣で気になっていること	15
2-215	幼児（4〜6歳）の就寝時刻	15
2-216	「最近増えている」という"実感"ワースト5	16
2-217	児童等のぜん息の被患率の推移	16
2-218	学校種類別進学率の推移	17
2-219	平日に塾や習い事がある日の子どもの帰宅時間	17
2-220	来室理由別，保健室利用者の割合	18
2-221	いじめの発生認知件数の推移	18
2-222	不登校児童生徒数（30日以上欠席者）	19
2-223	不登校状態となった直接のきっかけ	19
2-224	コミュニティサイトに起因する犯罪の被害児童数の推移	20
2-225	未婚の男女が不安に思っていること	20
2-226	子育て中の男女が負担や不安を感じている割合	21
2-227	具体的な負担・不安の内容	21
2-228	出産・子育てに必要だと思うこと	22
2-229	男女別・年齢階級別非正規雇用比率の推移	22
2-230	雇用形態別配偶者のいる割合（男性）	23
2-231	子どもの相対的貧困率	23

2-232	小学生・中学生に対する就学援助の状況	24
2-233	親権を行う子の有無別にみた離婚件数と親が離婚した子ども数の年次推移	24
2-234	母子世帯，父子世帯の平均世帯年収	25
2-235	女性の就労に関する意識の変化	25
2-236	共働き等世帯数の推移	26
2-237	末子の年齢階級別にみた，母の仕事の状況	26
2-238	非正規職員・従業員として働く女性が，非正規を選んだ理由	27
2-239	週60時間以上働く雇用者の割合（男女別）	27
2-240	家事・育児時間別にみた第2子以降の出生の状況	28
2-241	共働き夫婦の家事・育児時間（土日の平均時間）	28
2-242	6歳未満の子どもをもつ夫の家事・育児時間（1日あたり，国際比較）	29
2-243	保育所や放課後児童クラブの待機児童数の推移	29
2-244	主要国における女性の年齢階級別労働力率	30

第3章　児童福祉の理念

3-301	児童の権利に関するジュネーブ宣言	31
3-302	児童の権利宣言	32
3-303	児童福祉法	33
3-304	児童憲章	34
3-305	子どもの権利条約に規定された子どもの権利	35

第4章　児童福祉の歴史

4-401	「棄児養育米給与方」（1871年）	36
4-402	「三子出産の貧困者への養育料給与方」（1873年）	36
4-403	「恤救規則」（1874年）	37
4-404	養育院（1872年創設）	37
4-405	石井十次による岡山孤児院（1887年創設）	38
4-406	新潟静修学校（1890年創設）	38
4-407	二葉幼稚園（保育園）（1900年創設）	39
4-408	滝乃川学園（1891年創設）	39
4-409	わが国児童・生徒の全国平均体重値の逐年曲線	40
4-410	戦中の子ども	40
4-411	戦後期の浮浪児	41
4-412	イギリスの児童労働	41
4-413	児童福祉の歴史略年表（1600～1950年）	42

第5章　児童福祉および関連施策の体系

5-501	児童福祉および関連施策の対象	43

5-502	児童福祉および関連施策の諸形態	43
5-503	児童対策にかかわる主な法律	44
5-504	児童福祉および関連施策の全体像	45

| 6-610 | 子ども・子育て支援新制度の給付・事業の全体像 | 54 |

第7章 保　育

7-701	子ども・子育て支援給付の体系	55
7-702	「教育・保育給付」利用のための認定区分	55
7-703	保育の必要量	56
7-704	保育所の施設数，在所児童数の推移	56
7-705	保育所と幼稚園，認定こども園の制度の比較	57
7-706	希望する時間から入所までの待機時間	58
7-707	年齢区分別の利用児童数・待機児童数	58
7-708	保育所の基準の概要	59
7-709	開所時間別保育所	59
7-710	幼保連携型認定こども園とその他の認定こども園の比較（主なもの）	60
7-711	認定こども園の認定件数	60
7-712	地域型保育事業の認可基準	61
7-713	認可外保育施設等の状況	61

第8章 児童養護問題

8-801	社会的養護の体系	62
8-802	児童福祉施設の在籍人員里親委託児童数の推移	62
8-803	児童相談所における児童虐待の法的対応と流れ	63
8-804	児童相談所における養護相談の処理件数	63
8-805	児童相談所における養護相談の種類別対応件数（2020年度）	64
8-806	児童相談所における児童虐待相談対応件数の推移	64

8-807	虐待の内容別相談件数	65
8-808	被虐待児童の年齢構成	65
8-809	主たる虐待者	66
8-810	養護児童等の養護問題発生理由別児童数（2020）	66
8-811	里親数，里親委託児童数	67
8-812	里親の種類	67
8-813	4類型の登録里親，委託されている里親，委託児童数	68
8-814	里親とファミリーホームの比較	68

第9章　非行問題

9-901	非行の具体例	69
9-902	触法犯少年の包括罪種別検挙状況	69
9-903	不良行為少年の態様別補導状況	70
9-904	「非行予防エクササイズ」	70
9-905	現代非行の特質と非行形態の移り変わり	71
9-906	非行少年の分類	71
9-907	触法少年による凶悪事件の推移	72
9-908	公的な非行臨床機関の概要	73
9-909	非行少年に対する手続きの流れ	74
9-910	非行少年犯罪者の保護観察までの流れ	75

第10章　障害児福祉

10-1001	WHO（世界保健機関）の 1980 年「国際障害分類」（ICIDH）	76
10-1002	WHO（世界保健機関）の 2001 年「国際生活機能分類」（ICF）	76
10-1003	全国の障害児・者数	77
10-1004	障害の種類別にみた身体障害児数の推移	77
10-1005	障害の種類別にみた身体障害児（在宅）	78
10-1006	障害の組み合わせ別にみた重複障害の状況（身体障害児）	78
10-1007	障害の種類別・障害の原因別にみた身体障害児数	79
10-1008	全国の知的障害児・者数	79
10-1009	障害の程度別にみた知的障害児・者数	80
10-1010	障害児・者施策の動向	80
10-1011	障害児施設・事業の一元化イメージ	81
10-1012	主な発達障害の定義	81
10-1013	障害児保育の実施状況の推移	82
10-1014	特別支援教育の対象の概念図（義務教育段階）	82
10-1015	障害者に関する世論調査の結果の抜粋	83

第 11 章　子どもの遊びの保障

11-1101	子どもたちの通学風景	84
11-1102	児童館	84

13-1303	武力抗争している国の5歳未満の死亡率	90
13-1304	エイズで親を失った子どもたち	90
13-1305	HIV／エイズの影響を受ける子どもと家族が直面する課題	91
13-1306	児童労働に従事している子ども	91
13-1307	後進開発途上国で教育をうける率	92
13-1308	子どもは家庭内の意思決定にどのぐらい参加しているか	92

●子どもの権利に関する条約	93

● 授業目的公衆送信補償金制度について

　授業目的公衆送信補償金制度は，2018 年 5 月の法改正で創設された制度で，改正著作権法が 2020 年 4 月 28 日に施行されてスタートしました。

　教育の ICT 化が進む中で著作物の円滑な利活用を促し教育の質の向上を図ることを目的とした制度です。

　従来の著作権法では，学校等の教育機関における授業の過程で必要かつ適切な範囲で著作物等のコピー（複製）や遠隔合同授業における送信（公衆送信）を著作権者等の許諾を得ることなく，無償で行うことができました（いずれの場合も著作権者の利益を不当に害する利用は対象外です）。

　2018 年の法改正で，ICT を活用した教育での著作物利用の円滑化を図るため，これまで認められていた遠隔合同授業以外での公衆送信についても補償金を支払うことで無許諾で行うことが可能となりました。

　具体的には，学校等の教育機関の授業で，予習・復習用に教員が他人の著作物を用いて作成した教材を生徒の端末に送信したり，サーバにアップロードしたりすることなど，ICT の活用により授業の過程で利用するために必要な公衆送信について，個別に著作権者等の許諾を得ることなく行うことができるようになります。ただ，著作権者等の正当な利益の保護とのバランスを図る観点から，利用にあたっては制度を利用する教育機関の設置者が，全国で唯一文化庁長官が指定する SARTRAS に補償金を支払うことが必要となっています。

一般社団法人　授業目的公衆送信補償金等管理協会

1－101　児童福祉関係法における子どもとその範囲

子どもを表す用語は，「児童」以外に，少年，年少者，未成年者などがあり，法律によってそれぞれの意味にも違いがある。児童福祉法では，18 歳未満の子どもを「児童」としている。

法律名	用 語	年齢範囲（該当条文）
		31 日までの間にある者（6条）
こども家庭庁設置法	こども	心身の発達の過程にある者（3条）
こども基本法	こども	心身の発達の過程にある者（2条）

1－102　その他の法律における子どもとその範囲

「児童」の範囲は，法律によってやや幅がある。例えば学校教育法のように，「学齢児童」という用語から，「児童」を 6 歳〜 12 歳の小学生年齢と狭くとらえるケースもある。

法律名	用　語	年齢範囲（該当条文）	保護・制限などの内容
学校教育法	学齢児童	満 6 歳に達した日以後の最初の学年の初め（4月）から 12 歳に達した日以後の学年の終わり（3 月）まで（17, 18 条）	義務教育期間 小学校，特別支援学校小学部就学
	学齢生徒	小学校，小学部修了後最初の 4 月から満 15 歳に達した日以後の 3 月まで（17,18条）	中学校，特別支援学校中学部就学
民　法	未成年者	年齢 18 歳をもって成年とする（4条）	法律行為に法定代理人の同意が必要（5条），父母の親権に服する（818条），等
労働基準法	年少者	満 18 歳に満たない者（6 章）	（最低年齢）満 15 歳に達した日以後の最初の 3 月 31 日が終了するまで使用してはならない（56条）
			深夜業，危険有害業務，坑内労働について禁止・制限（61, 62, 63条）等
公職選挙法		年齢満 18 年未満	選挙権を有しない（9条）
		年齢満 25 年未満	衆議院議員，都道府県・市町村議会議員，市町村長の被選挙権を有しない（10条）
		年齢満 30 年未満	参議院議員，都道府県知事の被選挙権を有しない（10条）
二十歳未満の者の喫煙禁止法	二十歳未満の者	二十歳未満の者	煙草喫煙禁止，親権者，販売者の処罰
二十歳未満の者の飲酒禁止法	二十歳未満の者	二十歳未満の者	飲酒の禁止，親権者，営業者の義務

2 − 201　産業別就業者数の推移

1950年代から1970年代にかけての高度経済成長以降，第1次産業に従事する人口は急速に減少し，第2次・第3次産業の就業人口が増加した。

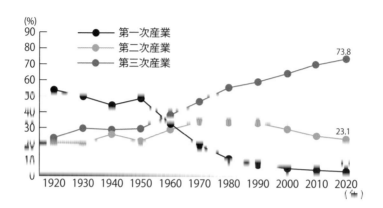

（総務省「労働力調査」2020〈令2〉）
（独・労働政策研究・研修機構　「産業別就業者数」）

2 − 202　2019年度で0〜29歳の死因となった「不慮の事故」の内容

社会の変化や発展は，子どもの生活習慣やライフスタイルにも大きな影響を及ぼし，子どもの安全面を脅かすようになった。1歳以上の子どもの交通事故死の割合が如実に物語っている。

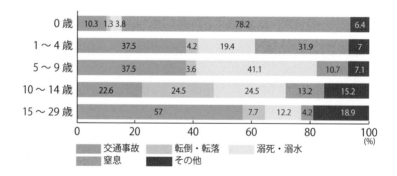

（厚生労働省「人口動態統計」2019〈令1〉）
（e-Stat　5 − 32　不慮の事故による死因）

2 − 203　家族類型別世帯数の変化①

農山村の過疎化に伴って若年人口が就業機会の多い都市部へと移動し，都市部で核家族を形成するようになったことにより，それまで全国的に多かった三世代家族は減少し，核家族化が進行した。

	1960	1980	2000	2010	2020

（総務省「国勢調査」）

2 − 204　家族類型別世帯数の変化②

三世代家族などの「その他の世帯」の割合は，1960 年代の 3 割から 2015 年の 1 割へと減少している。「核家族世帯」は 60 年代から世帯全体の 5 〜 6 割とほぼ横ばいだが，その中身が変化してきている。

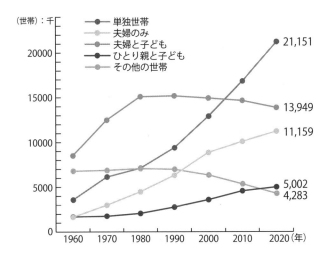

（総務省「国勢調査」）

2 - 205 世帯人員別世帯数の推移

多人数世帯は急速に減少し少人数世帯が増加したことで，共同体の空洞化はもとより，就労形態の多様化や長時間労働などの問題に加え，さまざまな家族問題も顕在化している。

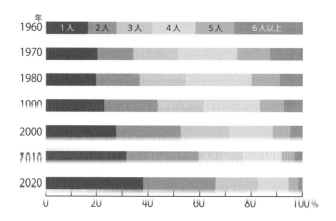

（総務省「国勢調査」）

2 - 206 主要耐久消費財の世帯普及率の推移

高度経済成長期以降，家庭用電化製品を中心とした耐久消費財の普及が一気に進み，家庭では教育費やレジャー費が家計の多くを占めるようになり，社会は本格的な消費社会となった。

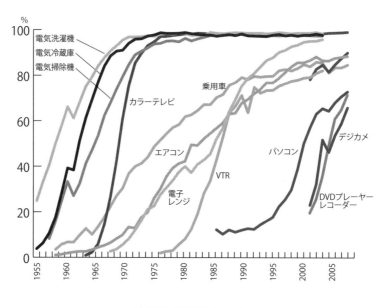

（内閣府「消費動向調査」）

2－207　出生数及び合計特殊出生率の年次推移

少子化の問題がクローズアップされるようになったのは，合計特殊出生率が 1966 年の丙午（ひのえうま）の出生率を下回った 1989 年の「1.57 ショック」以降である。

万人

1947　50　53　56　59　62　65　68　71　74　77　80　83　86　89　92　95　98　01　04　07　10　13　16　19　40 推計

（厚生労働省「人口動態統計」2019〈令 1〉）

2－208　男女の未婚率の推移

20 代後半女性と 30 代前半男性の二人に一人は独身という未婚率の上昇傾向に加え，近年では，晩婚化が非婚化（生涯結婚しない人の増加）にもつながっていることが指摘されている。

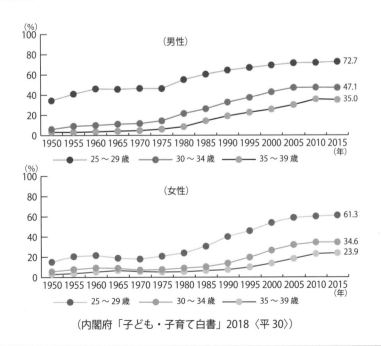

（内閣府「子ども・子育て白書」2018〈平 30〉）

2 - 209　平均初婚年齢の推移

1970年代前半以降，初婚年齢はほぼ一貫して上昇している。男女の初婚年齢が上昇して晩婚化の傾向が顕著となり，そのスピードは年々速くなっているという特徴が見られる。

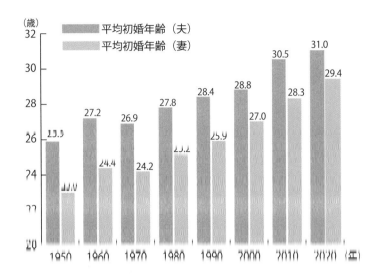

（厚生労働省「人口動態統計」2020〈令2〉）

2 - 210　理想の子ども数と実際の子ども数の推移

近年，結婚をした夫婦の子どもの生み方も変化し，少産化の現象が目立つ。1970年代以降，平均出生児数はほぼ一定しているが，理想の子ども数と実際に持つ子ども数には差が見られる。

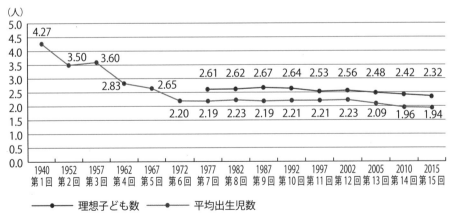

資料：国立社会保障・人口問題研究所「出生動向基本調査（第10〜15回）」，「出産力調査（第1〜9回）」
注1：理想子ども数については，50歳未満の妻に対する調査
　　2：平均出生児数は，結婚持続期間15〜19年の妻を対象とした出生児数の平均。（完結出生児数）。

（内閣府「少子化社会対策白書」2021〈令3〉）

全国 20 歳以上の男女 5,000 人を対象とした世論調査の結果

未婚化や晩婚化が加速している背景には，結婚や家族に対する意識の変化があると指摘されている。
経済的な理由やライフスタイルの変化など，変化の要因はさまざまである。

● 結婚しても必ずしも子どもをもつ必要はない

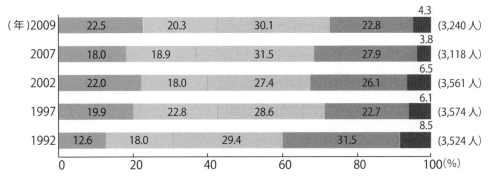

● 夫は外で働き，妻は家庭を守るべきである

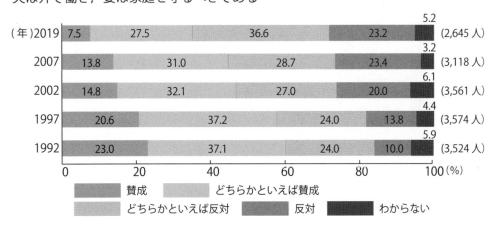

（内閣府「男女共同参画社会に関する世論調査」2009〈平 21〉・2019〈平 31〉）

2-212　夕食の共食状況

親は長時間労働などで帰宅が遅くなることが多く，子どもたちも塾や習い事で忙しくしているため，家族全員がそろって食卓を囲むことは難しくなっている。

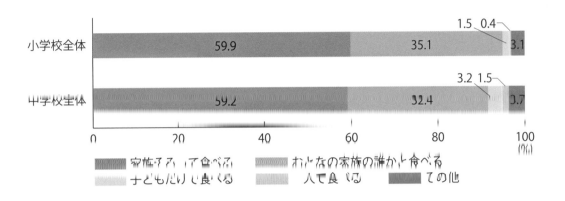

（日本スポーツ振興センター「児童生徒の食生活等実態調査」2010〈平22〉）

2-213　小中学生の朝食の欠食状況

朝食の欠食は，子どもの健康や成長に悪影響を及ぼす心配があるため，食育基本法や国をあげてのキャンペーンを柱に，朝食をとることの重要性を認識させる各種取り組みが行われている。

▼「朝食を食べないことがある」小中学生の割合　　（%）		
	小学生（5年生）	中学生（2年生）
1995年度	13.30	18.90
2000年度	15.60	19.90
2005年度	14.70	19.50
2010年度	8.00	10.60
▼「ほとんど食べない」小中学生の割合		
1995年度	2.70	4.50
2000年度	4.10	5.20
2005年度	3.50	5.20
2010年度	1.50	2.80

（日本スポーツ振興センター「児童生徒の食生活等実態調査」2010〈平22〉）

2－214　園児の生活習慣で気になっていること

特に都市部では，労働時間が長かったり，諸活動で忙しかったりする親が多く，子どもたちは親の
生活リズムに合わせざるを得ないことで，生活習慣も不規則になりがちな傾向がある。

（東京都福祉保健局「幼児期からの健康習慣調査報告書」2006〈平18〉）

2－215　幼児（4～6歳）の就寝時刻

「午後10時以降」に就寝する子どもの割合は，2006年の数字を見ると1994年と比較して増えて
いる。保護者の回答から，子どもたちが夜更しになっていることがわかる。

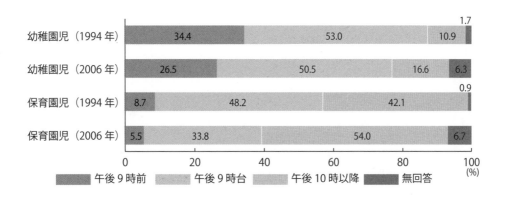

（東京都福祉保健局「幼児期からの健康習慣調査報告書」2006〈平26〉）

2－216 「最近増えている」という "実感" ワースト 5

子どものからだと心・連絡会議は，1978 年からはば 5 年ごとに行われている実感調査から，「病気と健康のはざまにいる "病気じゃないけれど健康でもない" 子どもたちが増えてきている」と指摘する。

▼保育所		▼小学校		▼中学校		▼高等学校	
1979 年	(%)	1979 年	(%)	1979 年	(%)	1979 年	(%)
1. むし歯	24.2	1. 背中ぐにゃ	44.0	1. 朝礼でバタン	43.0	1. 腰痛	40.0
2. 背中ぐにゃ	11.3	2. 朝からあくび	31.0	2. 背中ぐにゃ	37.0	2. 背中ぐにゃ	31.0
3. すぐ「疲れた」という	10.5	3. アレルギー	26.0	3. 朝からあくび	30.0	2. 朝礼でバタン	31.0
4. 朝からあくび	8.1	4. 背筋がおかしい	23.0	3. アレルギー	30.0	4. 肩こり	28.0
5. 指吸い	7.2	5. 朝礼でバタン	22.0	5. 肩こり	27.0	4. 貧血	28.0
2015 年	(%)	2015 年	(%)	2015 年	(%)	2015 年	(%)
1. アレルギー	73.4	1. アレルギー	66.0	1. アレルギー	71.1	1. アレルギー	70.7
2. 背中ぐにゃ	72.4	2. 視力が低い	65.6	2.	70.7	2. 夜，眠れない	68.9
3. 皮膚がカサカサ	71.9	3. 授業中じっとしていない	65.4	3. 目，肩のこり	66.0	3. すぐ「疲れた」という	62.0
4. 保育中じっとしていない	70.0	4. 背中ぐにゃ	63.9	4. 夜，眠れない	67.2	3. 目，肩のこり	62.8
5. すぐ「疲れた」という	67.3	5. すぐ「疲れた」という	62.9	5. すぐ「疲れた」という	66.4	5. 平熱 36 度未満	61.6

（子どものからだと心・連絡会議編「子どものからだと心白書」2015〈平 27〉）

2－217 児童等のぜん息の被患率の推移

1970 年以降ぜん息にかかった子どもの割合は増加し続けている。アトピー性皮膚炎なども含めて，住環境や食環境との関連で発症する病気が増加しており，子どもの育ちに変化が起きている。

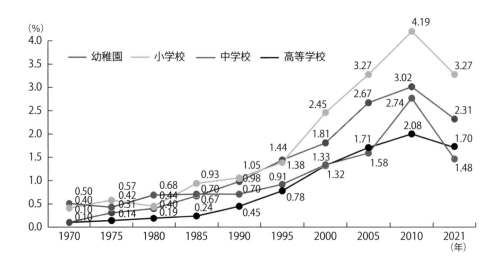

（文部科学省「学校保健統計調査」2021〈令 3〉）

2－218　学校種類別進学率の推移

わが国の高等学校や大学への進学率は，戦後一貫して上昇し高学歴化した。「手に職をつける」ことを目標にしていた時代を経て，「大学を卒業して社会に出ていく」ことが一般的になった。

(%)

前½中学卒業者及び中等教育学校前期課程修了者数で除した比率。ただし，入学者には，大学又は短期大学の通信制への入学者を含まない。
4. 大学院：大学学部卒業者のうち，ただちに大学院に進学した者の比率（医学部，歯学部は博士課程への進学者）。ただし，進学者には，大学院の通信制への進学者を含まない。

（内閣府「男女共同参画白書」2020〈令2〉）

2－219　平日に塾や習い事がある日の子どもの帰宅時間

塾や習い事をする子どもたちは低年齢化しており，この傾向は幼児にまで及んでいる。本来あるべき生活リズムの中での成長・発達を阻害する心配もあり，発達上の課題が残ることが懸念される。

午後6時より前	21.4
午後6時から7時の間	23.0
午後7時から8時の間	14.3
午後8時から9時の間	11.4
午後9時から10時の間	17.7
午後10時より後	9.9

注：平日に塾や習い事に通う子どもが，塾や　　（%）
　　習い事から帰宅する時間を示したもの。

（文部科学省「地域の教育力に関する実態調査」2006〈平18〉）

2－220　来室理由別，保健室利用者の割合

保健室を利用した理由が「主に心に関する問題」である割合は，1996年度と比較すると小中学校で急増している。心の悩みの内容は，いじめや友人関係，家庭環境が上位を占める。

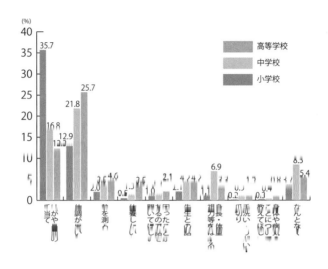

（日本学校保健会「保健室利用状況に関する調査報告書」2016〈平28〉）

2－221　いじめの発生認知件数の推移

教育現場においていじめ問題に対する意識が高まり，さまざまな取り組みが行われているが，件数は著しく増加しているのが現状である。相談機能の拡充など，一層の組織的な対応が求められる。

	総　数	小学校	中学校	高等学校	特別支援学校
1985 年	155,066	96,457	52,891	5,718	－
1990 年	24,308	9,035	13,121	2,152	－
1995 年	60,096	26,614	29,069	4,184	229
2000 年	30,918	9,114	19,371	2,327	106
2005 年	20,143	5,087	12,794	2,191	71
2010 年	77,630	36,909	33,323	7,018	380
2015 年	224,540	151,190	59,422	12,654	1,274
2020 年	97,370	48,526	42,122	6,388	334

（調査対象は公立学校，単位：件）
注：2006 年度に調査方法等が改められ，2005 年までは「発生件数」，2010 年度からは「認知件数」が示されている。

（文部科学省「児童生徒の問題行動等生徒指導上の諸問題の現状に関する調査」2020〈令2〉）

2 － 222　不登校児童生徒数（30 日以上欠席者）

文部科学省は「不登校」を，何らかの心理的，情緒的，身体的，社会的要因・背景により，児童生徒が登校しない，したくともできない状況にあること（病気や経済的理由を除く）と定義する。

（文部科学省「児童生徒の問題行動等生徒指導上の諸問題の現状に関する調査」2020〈令 2〉）

2 － 223　不登校状態となった直接のきっかけ

家庭訪問による指導や援助のほか，スクールカウンセラーが専門的に相談にのるなどの対策が組まれているが，複雑な要因が絡み合い，子どもが不登校になる割合は増加傾向にある。

区　　分		小学生（人）	中学生（人）	合　計（人）
学校に係る状況	いじめ	171	228	399
	いじめを除く友人関係をめぐる問題	4,259	16,571	20,830
	教職員との関係をめぐる問題	1,187	1,226	2,413
	学業の不振	2,049	8,626	10,675
	進路に係る不安	153	1,428	1,581
	クラブ活動，部活動等への不適応	11	772	783
	学校のきまり等をめぐる問題	453	1,061	1,514
	入学，転編入学，進級時の不適応	1,121	5,412	6,533
家庭に係る状況	家庭の生活環境の急激な変化	2,408	3,259	5,667
	親子の関わり方	9,227	8,168	17,395
	家庭内の不和	1,027	2,456	3,483
本人に係る状況	生活リズムの乱れ・あそび・非行	8,863	14,576	23,439
	無気力・不安	29,331	62,555	91,886
該当なし		3,090	6,439	9,529

注：調査対象：国・公・私立小・中学校。不登校児童生徒 1 人につき，主たるきっかけを選択（複数回答可）。

（文部科学省「児童生徒の問題行動等生徒指導上の諸問題に関する調査」2020〈令 2〉）

2 − 224　コミュニティサイトに起因する犯罪の被害児童数の推移

子どもの犯罪の温床へのアクセスを防止するために，フィルタリングの推進やサイト内の監視の強化，児童や保護者，関係者への啓発や情報共有など，健全な環境づくりへの努力が求められる。

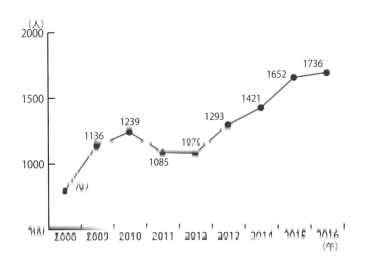

(警察庁「平成29年における出会い系サイト及びコミュニティサイトに起因する事犯の現状と対策について」2017)

---

2 − 225　未婚の男女が不安に思っていること（複数回答）（上位4項目）

これから家族を形成しようとする男女は，子育てについてどのようなイメージを描いているのだろうか。経済的側面に加え，仕事との両立が容易でないことなどが主な不安要素となっている。

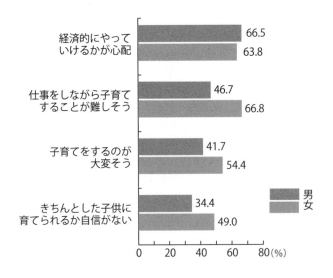

(内閣府「結婚・家族形成に関する意識調査報告書」2014〈平26〉)
(図表31−1　子育ての不安要素)

---

2 － 226　子育て中の男女が負担や不安を感じている割合

「人口減少社会に関する意識調査」（2015 年度）では，15 歳以下の子どもが一人以上いる男女のうち，女性の 8 割，男性の 7 割が負担感や不安感を感じていると回答している。

（厚生労働省「人口減少社会に関する意識調査」2015〈平 27〉）

2 － 227　具体的な負担・不安の内容（複数回答）（上位 10 項目）

経済的負担感のほか，子どもが病気の時に仕事を休みにくく預け先に困ることや，忙しさでゆとりが持てず，心や身体の疲れが大きいことが負担感の上位を占めている。

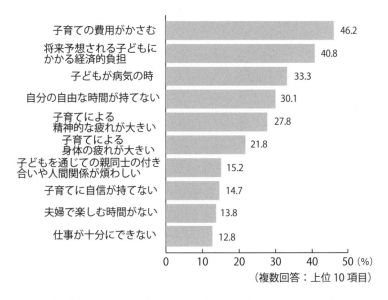

（複数回答：上位 10 項目）

（厚生労働省「人口減少社会に関する意識調査」2015〈平 27〉）

2－228　出産・子育てに必要だと思うこと

9割以上の人が，安定的な雇用，医療の確保，長時間労働の是正など仕事と子育ての両立支援，待機児童の解消が子育てに必要だと考えていることがわかる。

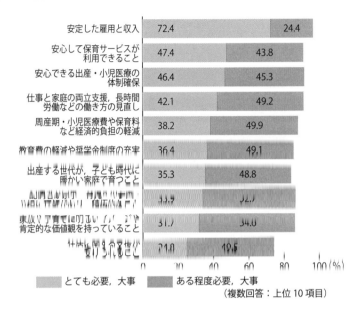

（厚生労働省「人口減少社会に関する意識調査」2015〈平27〉）

2－229　男女別・年齢階級別非正規雇用比率の推移

女性も男性も，1990年代後半頃から非正規雇用比率が増加しており，雇用の不安定化が一層進んでいることがわかる。雇用の問題は，「子育て支援」以前の問題として解決が急がれる課題である。

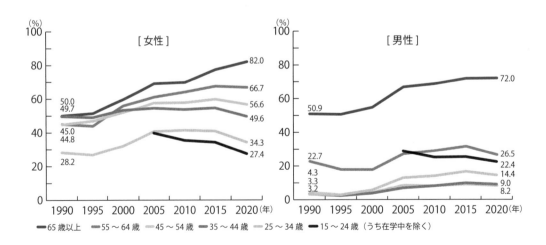

（内閣府「男女共同参画白書」2021〈令3〉）
（I－2－7図　年齢階級別非正規雇用労働者の割合の推移）

2 - 230　雇用形態別配偶者のいる割合（男性）

非正規雇用の男性は 30 代前半も 30 代後半も，正社員の男性の半分以下しか結婚していない。就労状態の違いにより，家族を形成する割合が大きく異なっているといえる。

（厚生労働省「厚生労働白書」2015〈平 27〉）

2 - 231　子どもの相対的貧困率

2014 年より施行の「子どもの貧困対策の推進に関する法律」は，貧困の子どもの教育や生活の支援，保護者の就労支援など，幅広い支援を総合的に推進するための法律である。

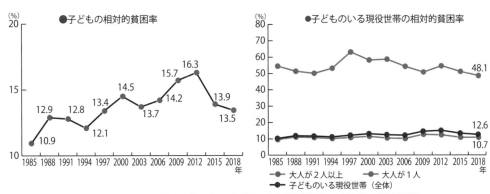

（注）　1　相対的貧困率とは，ＯＥＣＤの作成基準に基づき，等価可処分所得（世帯の可処分所得を世帯人員の平方根で割って調整した所得）の中央値の半分に満たない世帯員の割合を算出したものを用いて算出。
　　　　2　大人とは 18 歳以上の者，子どもとは 17 歳以下の者，現役世帯とは世帯主が 18 歳以上 65 歳未満の世帯をいう。

（厚生労働省「国民生活基礎調査」2019〈令 1〉）
（e-Stat　213　貧困率－中央値－貧困線）

2 – 232　小学生・中学生に対する就学援助の状況

就学援助を受けている小・中学生は近年急増している。国による子育て費用負担が少ないわが国では，親の貧困化が子どもの貧困化につながりやすい。

（内閣府「子供・若者白書」2016〈平 28〉）
（第 1 − 6 図　小学生・中学生に対する就学援助の状況）

2 – 233　親権を行う子の有無別にみた離婚件数と親が離婚した子ども数の年次推移

全離婚件数の約 6 割は，20 歳未満の子どものいる夫婦である。2000 年以降に離婚件数が減少しているのは，婚姻数の減少によるもので，離婚率は上昇傾向を示している。

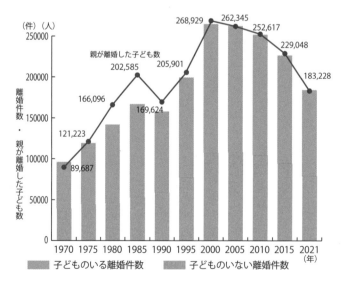

（厚生労働省「人口動態統計」2021〈令 3〉）
（e-Stat　10 − 9　年次別にみた夫妻が親権を行う子の数別離婚件数及び百分率）

2 − 234　母子世帯，父子世帯の平均世帯年収

母子家庭も父子家庭も共に経済的困難を抱えやすく，経済基盤の脆弱さは子どもの学業達成や進学などにも影響を及ぼすため，ひとり親への就労支援や保育確保を含む包括的な支援が望まれる。

（厚生労働省「全国母子世帯等調査結果報告」2016〈平 28〉）

2 − 235　女性の就労に関する意識の変化

「子どもをもってもずっと職業を続ける方がよい」と仕事の継続を希望する割合は年々増え続け，女性が育児をしながら働くことに対する意識に大きな変化が見られる。

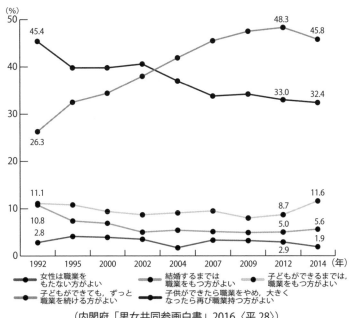

（内閣府「男女共同参画白書」2016〈平 28〉）

2−236 共働き等世帯数の推移

夫婦とも雇用者の共働き世帯は年々増加し，1997年には片働き（男性雇用者と専業主婦）世帯数を上回り，逆転減少が起きている。

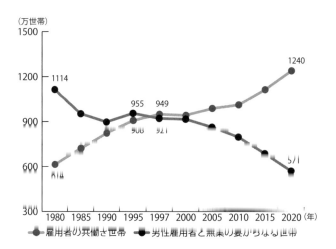

（内閣府「男女共同参画白書」2021〈令3〉）

2−237 末子の年齢階級別にみた，母の仕事の状況

子どもの年齢が上がるほど有職女性の割合は増加する。高度経済成長期に主流であった片働き世帯は近年急速に減少し，現在は共働きが主流のライフスタイルとなっている。

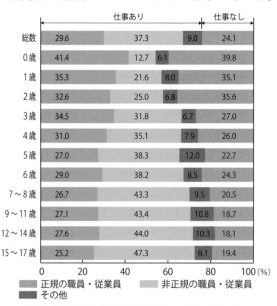

（厚生労働省「国民生活基礎調査」2021〈令3〉）
（第5表　末子の年齢階級別にみた母の仕事の状況の年次推移）

2－238　非正規職員・従業員として働く女性が，非正規を選んだ理由

出産や育児に関わりなく仕事を続けたい女性が増える一方，妊娠・出産で離職するケースが多く見られ，就業継続への思いと現実の行動との間のギャップが大きくなっていることがうかがえる。

（総務省「労働力調査」2021〈令3〉）

2－239　週60時間以上働く雇用者の割合（男女別）

子育て期に当たる年齢層の男性の労働時間は他年代に比べて高い。長時間労働を前提とした働き方では，仕事と家庭生活との両立は困難となり，家事や子育てに関わることは物理的に難しい。

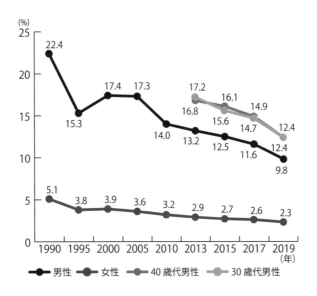

（内閣府「男女共同参画白書」2019〈令1〉）

2－240　家事・育児時間別にみた第2子以降の出生の状況

夫の休日の家事・育児時間が長いほど，第2子以降の出生割合が高くなることがわかる。男性が家事・育児に深く関与することは，夫婦の理想の子ども数を持てる要因の一つといえる。

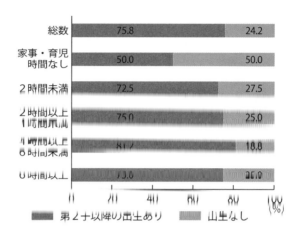

（厚生労働省「第8回21世紀成年者縦断調査」〈平成24年成年者〉）
（表3　夫の休日の家事・育児時間別にみたこの7年間の出生の状況）

2－241　共働き夫婦の家事・育児時間（末子年齢別）

末子が0歳児の場合は手がかかるために妻も夫も育児時間が長くなっているが，家事のほとんどは妻が行っている。小学校にあがる年齢になると，妻が就業していてもいずれも主に妻が担当している。

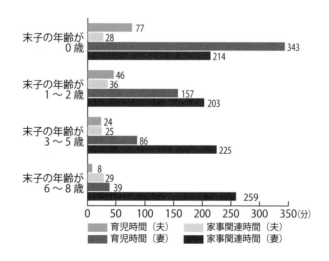

（内閣府「男女共同参画白書」2016〈平28〉）

2－242　6歳未満の子どもをもつ夫の家事・育児時間（1日あたり，国際比較）

日本では，30代・40代男性の6人に1人が週60時間以上は働いているため，平日家事や育児に関わりたいと思っても，物理的にかなわない現状がある。

（内閣府「男女共同参画白書」2019〈令1〉）
（1－3－10図　6歳未満の子供を持つ夫婦の家事・育児関連時間（1日当たり，国際比較）

2－243　保育所や放課後児童クラブの待機児童数の推移

政府は近年，定員拡大を含めた保育環境の整備を積極的に進めているが，保育の受け皿は拡大しても利用希望者は増え続けていることから，潜在的な保育ニーズはかなり高いことが推測される。

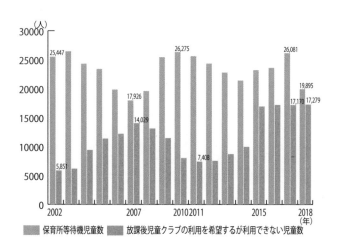

（内閣府「男女共同参画白書」2019〈令1〉）

2－244　主要国における女性の年齢階級別労働力率

出産・育児期に労働力率が下がる日本と違い，欧米諸国ではそうした傾向は見られない。男女が均等な雇用機会を持ち，平等な待遇が確保されている国々では，女性の労働力率は高くなっている。

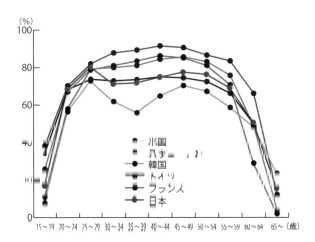

（注：日本は総務省「労働力調査　2015」のデータである）
（内閣府「男女共同参画白書」2016〈平28〉）

3 − 301　児童の権利に関するジュネーブ宣言（1924）

最初の子どもの権利宣言として知られるジュネーブ宣言は，世界児童憲章を国際的な水準で公認したもので，第一次世界大戦で被害を受けた子どもたちの救済・保護を目的に 5 つの原則を掲げた。

- ☐ 児童は，生計を立てうる地位に導かれ，またあらゆる種類の搾取から保護されなければならない。
- ⑤ 児童は，その能力が人類同胞への奉仕のために捧げられなければならないことを自覚して，育てられなければならない。

3－302　児童の権利宣言 (1959)

第二次世界大戦後に結成された国際連合において再び子どもの権利宣言が採択された。1948年の世界人権宣言と関連をもち，1924年のジュネーブ宣言を拡大したものである。

●児童の権利宣言（1959）における原則（要約）

1. すべての子どもはいかなる例外もなく，この宣言に掲げるすべての権利を有する。
2. 子どもは特別の保護を受け，また身体的，知的，道徳的，精神的，社会的に発達するための機会と便宜を法律その他の手段によって与えられなければならない。このための法律の制定にあたっては，子どもの最善の利益について最高の考慮が払われなければならない。
3. 子どもは出生の時から姓名および国籍をもつ権利を有する。
4. 子どもは社会保障の利益を享受し，健康に成長発達する権利を有する。その目的のため，子どもと母親とに出産前後における適切なケアが与えられなければならない。また子どもは十分な栄養，住居，レクリエーション，医療を与えられる権利を有する。
5. 身体的，精神的，社会的にハンディキャップをもつ子どもは，その固有の条件に応じて必要な治療，教育，保護を与えられなければならない。
6. 子どもはできるかぎりその両親の愛護と責任の下で，またいかなる場合にも，愛情と道徳的及び物質的保障のある環境の下で育てられなければならない。
7. 子どもは教育を受ける権利を有する。子どもは遊び及びレクリエーションのための十分な機会を与えられる権利を有する。
8. 子どもは，あらゆる状況において，最初に保護および救済を受けるものに含まれなければならない。
9. 子どもは放任，虐待，搾取から保護されなければならない。売買の対象にされてはならない。適当な最低年齢以前に雇用されてはならない。心身の健康と発達に有害な職業に従事することを許されてはならない。
10. 子どもは人種的，宗教的その他の形態による差別を助長するおそれのある慣行から保護されなければならない。子どもは諸国民の友愛と平和の精神の下で育てられなければならない。

---

3 − 303　児童福祉法 (1947)

児童福祉法は，1947（昭和22）年に，戦前の制度的，実践的な一定の積み重ねの上に，戦後の特殊な状況を背景とし，すべての子どもを対象とする総合的な児童福祉の法律として制定された。

3－304　児童憲章

1951（昭和26）年5月5日に制定された。子どもを次代の社会の一員として育成することが大人の責務であるとの考え方を徹底するためにも，子ども家庭福祉の根本を支える大切な理念である。

● 児童憲章

1951年5月5日制定

われらは，日本国憲法の精神にしたがい，児童に対する正しい観念を確立し，すべての児童の幸福をはかるために，この憲章を定める。

児童は，人として尊ばれる。
児童は，社会の一員として重んぜられる。
児童は，よい環境のなかで育てられる。

(1) すべての児童は，心身ともに健やかにうまれ，育てられ，その生活を保障される。
(2) すべての児童は，家庭で，正しい愛情と知識と技術をもって育てられ，家庭に恵まれない児童には，これにかわる環境が与えられる。
(3) すべての児童は，適当な栄養と住居と被服が与えられ，また，疾病と災害からまもられる。
(4) すべての児童は，個性と能力に応じて教育され，社会の一員としての責任を自主的に果すように，みちびかれる。
(5) すべての児童は，自然を愛し，科学と芸術を尊ぶように，みちびかれ，また，道徳的心情がつちかわれる。
(6) すべての児童は，就学のみちを確保され，また，十分に整った教育の施設を用意される。
(7) すべての児童は，職業指導を受ける機会が与えられる。
(8) すべての児童は，その労働において，心身の発育が阻害されず，教育を受ける機会が失われず，また，児童としての生活がさまたげられないように，十分に保護される。
(9) すべての児童は，よい遊び場と文化財を用意され，わるい環境からまもられる。
(10) すべての児童は，虐待・酷使・放任その他不当な取扱からまもられる。あやまちをおかした児童は，適切に保護指導される。
(11) すべての児童は，身体が不自由な場合，または精神の機能が不十分な場合に，適切な治療と教育と保護が与えられる。
(12) すべての児童は，愛とまことによって結ばれ，よい国民として人類の平和と文化に貢献するように，みちびかれる。

3 - 305　子どもの権利条約に規定された子どもの権利

条約の広報義務，「子どもの権利委員会」の設置，委員会の作業方法といった，条約の実施にかかわる各国の責任が具体的に定められ，条約の実効性を高めている。

具体的内容と該当条文				
ⓕ□□の保護（16条） ⓖ適切な情報へのアクセス（17条） ⓗ健康・医療への権利（24条） ⓘ社会保障への権利（26条） ⓙ生活水準への権利（27条1項） ⓚ教育への権利（28条）	ⓑ施設等に措置された子どもの定期的審査（25条） ⓒ社会保障への権利（26条） ⓓ生活水準への権利（27条） ⓔ教育への権利（28条） ⓕ教育の目的（29条） ⓖ休息・余暇，遊び，文化的・芸術的生活への参加（31条）	ⓔ家族再会のための出入国（10条） ⓕ親の養育責任（18条1項）その遂行のための国の援助義務（18条2項） ⓖ働く親を持つ子どもへの保育サービス（18条3） ⓗ親による虐待・放任・搾取からの保護（19条） ⓘ家庭環境を奪われた子どもへの養護（20条） ⓙ養子縁組（21条） ⓚ親の生活条件確保責任（27条2項）を果たすための，国の援助（27条3, 4項）	ⓓ心身の回復と社会復帰（39条）	搾取からの保護（36条） ⓕ死刑・拷問等の禁止，自由を奪われた子どもの適正な扱い（37条） ⓖ武力紛争下における子どもの保護（38条） ⓗ犠牲になった子どもの心身の回復と社会復帰（39条） ⓘ少年司法（40条）

4 − 401 「棄児養育米給与方」（1871 年）

棄児の預かりと貰い受けにかかわらず，当歳より 15 歳まで年々米 7 斗ずつ支給することとした太政官達のこと。1873 年より「満十三年ヲ限り」と改定された（数え 15 歳と満 13 歳では大差はない）

> 棄児養育米給与方（きじょういくまいきゅうよかた）（1871 年 6 月 20 日）
> 　　　　　　　　　明治 4 年太政官達（だじょうかんたっし）第 300 号
>
> 従来棄児救育ノ儀所預リノ分ハ養育米被下貰受人有之分ハ不被下候処自今預リ貰受一ㇳ不拘棄児当歳ヨリ十五歳迄年々米七斗ㇷ゙ㇳ被下候間実意養育可致事

4 − 402 「三子出産の貧困者への養育料給与方」（1873 年）

三つ子を出産し貧困のため十分な滋養を与えられない場合は，養育料を与えるという制度である。貧困ゆえの双子や三つ子の間引きを防止するためと思われるが，実効性については疑問が残る。

> 三子出産の貧困者へ養育料給与方（1873 年 3 月 3 日）
> 　　　　　　　　　　明治 6 年太政官布告第七十九号
>
> 三子出産ノ者其家困窮ニテ滋養行届兼候向ハ以来養育料トシテ一時金五円給与致シ候間地方官ニ於テ速ニ施行致シ追テ請取方大蔵省ヘ可申出候事

4 − 403 「恤救規則」（1874 年）

極貧で身寄りのない労働不能の障害者，病者，70 歳以上の人，13 歳以下の児童を対象としている。
13 歳以下の者には，一年につき七斗分の米代を与えると規定されている。

4 − 404 養育院（1872 年創設）

東京府養育院（後，東京市養育院）は浮浪者収容施設として設置された公立施設である。1909 年に巣鴨別院として成人施設と別の独立した児童施設となり，現在の東京都石神井学園に至っている。

東京都石神井学園（東京都・練馬区）2022 現在

4 − 405　石井十次による岡山孤児院（1887 年創設）

石井十次（1865 ～ 1914）は宮崎県生まれ。熱心なプロテスタントであり，岡山医学校在学中に岡山孤児院を創設した。その後故郷宮崎に移転し，現在もその地で石井記念友愛園が運営されている。

石井記念友愛園（宮崎県児湯郡）2008 年当時

4 − 406　新潟静修学校（1890 年創設）

赤澤鐘美（1864 ～ 1937）の創設。1910 年より「守孤扶独幼稚児保護会」と称して保育事業を正式に行うようになる。幼稚児保護会は通称赤沢保育園として今日に至っている。

赤沢保育園（新潟市）2008 年当時

4 − 407　二葉幼稚園（保育園）（1900 年創設）

東京麹町に，クリスチャン保育者野口幽香，森島峰両名が創設した。保護と教育を必要としていた貧困児童を対象とした。1916 年「二葉保育園」と改め，その後社会の要請に応えて事業拡大した。

二葉南元保育園・二葉乳児院（東京都・新宿区）2008 年当時

初期の二葉幼稚園の園児と職員（二葉保育園所蔵）（東京・麹町）1902

4 − 408　滝乃川学園（1891 年創設）

立教女学校教頭であった石井亮一が，現在の北区に創設した孤児教育施設。知的障害児の在籍を契機に知的障害児教育に専心。科学的方法を追究し，諸外国の実践や研究から旺盛に学んだ。

滝乃川学園（東京都国立市）2008 年当時

4 - 409　わが国児童・生徒の全国平均体重値の逐年曲線

太平洋戦争は，子どもたちにもさまざまな影響をもたらした。なかでも，物資の欠乏や食糧不足による栄養不良状態は，成長途上の子どもたちの心身の発達を大きく阻害することとなった。

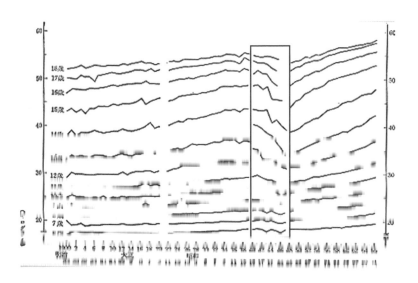

(辻村泰男『改訂児童福祉学』光生館　1977　p 117)

4 - 410　戦中の子ども

軍需作業の働き手として多くの若者が駆り出され，保育の場においても保育内容の戦時化が進んだ。米軍の空襲が日常茶飯となる中で，大人とともに多くの子どもが家を焼かれ命を失った。

(子どもたちの昭和史編集委員会『[写真集] 子どもたちの昭和史』大月書店　1984)

4 － 411　戦後期の浮浪児

児童福祉法成立の背景には，戦争によって家族を失った大量の児童の存在と浮浪児化がある。「狩り込み」といわれた収容対策も解決には結びつかず，より根本的な対策が必要とされたのである。

（子どもたちの昭和史編集委員会『［写真集］子どもたちの昭和史』大月書店　1984）

4 － 412　イギリスの児童労働

1834 年に成立した新救貧法は，子どもも労役場に混合収容する方針をとったため，多くの少年少女が悪影響を受ける状況が問題視され，子どもに対する教育の必要性が認識されるようになった。

（『HE WHITE SLAVES OF ENGLAND』(1854) by JOHN C COBDEN　表紙挿絵 ）

4 − 413　児童福祉の歴史略年表（1600 〜 1950 年）

年	一般事項	日本（児童福祉関係法制）	日本（主な施策，施設の設立等）	世界（児童福祉関係）
1600〜	1603　江戸幕府開始 1649　英・ピューリタン革命頂点 1688　英・名誉革命			1601 英・エリザベス救貧法
1700〜	1776　米・独立宣言 1789　仏・フランス大革命	1785（天明5）白河藩育児の制 1792（寛政4）幕府棄児養育料の制度		1762 ルソー『エミール』
1800〜	 1853　ペリー浦賀へ来航		1861　小野慈善院（福山）	1802 英・工場法 1816 英・オーウェンにより工場に性格形成学院開設 1834 英・新救貧法 1840 独・フレーベルにより幼稚園開園 地に 1852 世・学校教育
明　治	1868（明1）五榜の掲示十七条令 1890（明23）大日本帝国憲法 1891（明24）濃尾大地震 1894（明27）日清戦争	1868　産婆の堕胎禁止令 1871　棄児養育米給与方 1872　学制（工場附属寄宿舎産物禁止令） 1873　二女出産の貧困者に養育料給与方 1874　恤救規則 1879　教育令 1886　小学校令 1899　幼稚園保育及び設備規定 1899　行旅病人及死亡人取扱法	1872　東京府養育院（後東京市） 1876　東京女子師範学校附属幼稚園 1879　福田育児院（東京） 1884　池上雪枝，大阪で不良少年保護 1885　高瀬真卿の私立予備感化院 1887　石井十次による岡山孤児院 1890　赤沢鍾美による新潟静修学校 1891　石井亮一による滝乃川学園 1899　留岡幸助による家庭学校	1876 英・バーナードによりビレッジ・ホーム 1883 英・児童虐待防止協会設立 1889 米・シカゴにハルハウス 1899 米・シカゴで少年裁判所
1900〜	1904（明37）日露戦争（→1905）	1900　感化法 1908　感化法改正 1911　工場法	1900　二葉幼稚園（後，保育園） 1908　感化救済事業講習会開始（内務省） 1909　内務省民間社会事業に国庫補助開始	1900 エレン・ケイ『児童の世紀』 1908 英・児童法 1909 米・第一回白亜館会議
大　正	1914（大3）第一次世界大戦（→1918） 1917（大6）ロシア革命 1918（大7）米騒動 1923（大12）関東大震災 1925（大14）治安維持法，普通選挙法	1922　少年法，矯正院法，少年審判所設置令 1926　幼稚園令	1919　大阪市に公立託児所 1920　京都市に公立託児所 1921　東京市に公立託児所 1926　第一回全国児童保護事業会議	1919 米・第二回白亜館会議 1922 英・世界児童憲章 1924 国際連盟・児童の権利に関するジュネーブ宣言
昭　和	1929（昭4）世界恐慌はじまる 1931（昭6）満州事変 1932（昭7）5.15事件 1936（昭11）2.26事件 1937（昭12）日中戦争 1938（昭13）国家総動員法 1939（昭14）第二次世界大戦（→1945） 1941（昭16）太平洋戦争 1945（昭20）8月ポツダム宣言受諾	1929　救護法（1932実施） 1933　児童虐待防止法 〃　　少年教護法（感化法改正） 1937　母子保護法 〃　　保健所法 1938　社会事業法 1941　人口政策確立要綱 〃　　国民学校令 1946　旧生活保護法 1947　教育基本法，学校教育法 〃　　児童福祉法 1948　文部省「保育要領」 〃　　児童福祉施設最低基準	1938　厚生省設置 1944（昭19）学童疎開	1930 米・第三回白亜館会議 1933 米・ニューディール政策 1935 米・社会保障法 1942 英・ベヴァリッジ報告 1950 英・児童法

5 - 501　児童福祉および関連施策の対象

子どもとしての共通の児童福祉ニーズとともに，個々の子どもの状況による個別ニーズに注目した
とき，その対象は，①子ども一般，②家庭の養育環境の状況，③子ども自身の状況，に分類される。

5 - 502　児童福祉および関連施策の諸形態

施策の内容は大きく分けて，①子どもへの直接サービス（居宅サービス，通園・通所・自由利用型
サービス，入所・家庭委託サービス），②保護者の養育への支援，③国民一般への啓蒙等がある。

●居宅サービス
訪問保育　など
●通園・通所・自由利用型サービス
保育所保育，障害児通園施設，児童館　など
●入所・家庭委託型サービス
児童養護施設，里親　など

- [a] 教育基本法（1947.3，改正法 2006）
- [b] 学校教育法（1947.3）
- [c] 労働基準法（1947.4）
- [d] 児童福祉法（1947.12）
- [e] 少年法（1948.7）
- [f] 少年院法（1948.7，改正法 2014.6）
- [g] 生活保護法（1950.5）
- [h] 社会福祉法（1951.3）
- [i] 児童扶養手当法（1961.11）
- [j] 母子及び父子並びに寡婦福祉法（1964.7）
- [k] 特別児童扶養手当等の支給に関する法律（1964.7）（「特別児童扶養手当法」と略記）
- [l] 母子保健法（1965.8）
- [m] 児童手当法（1971.5）
- [n] 育児休業，介護休業等育児又は家族介護を行う労働者の福祉に関する法律
- [o] 児童買春，児童ポルノに係る行為等の処罰及び児童の保護等に関する法律（1999.5）（「児童買春・児童ポルノ禁止法」と略記）
- [p] 児童虐待の防止等に関する法律（2000.5）（「児童虐待防止法」と略記）
- [q] 配偶者からの暴力の防止及び被害者の保護に関する法律（2001.4）（「DV防止法」と略記）
- [r] 次世代育成支援対策推進法（2003.7）
- [s] 少子化社会対策基本法（2003.7）
- [t] 発達障害者支援法（2004.12）
- [u] 障害者の日常生活及び社会生活を総合的に支援するための法律
- [v] 就学前の子どもに関する教育・保育等の総合的な提供の推進に関する法律
- [w] 子ども・若者育成支援推進法（2009.7）
- [x] 子ども・子育て支援法（2012.8）
- [y] 子どもの貧困対策の推進に関する法律（2013.6）
- [z1] いじめ防止対策推進法（2013.6）
- [z2] 成育過程にある者及びその保護者並びに妊産婦に対し必要な成育医療等を切れ目なく提供するための施策の総合的な推進に関する法律（2018.12）
- [z3] こども家庭庁設置法（2022.6）
- [z4] こども基本法（2022.6）

表中の各施策に添えた ⓐ〜ⓩ の記号は，児童対策関係法の記号（5-503）であり，それぞれの施策の根拠法であることを示す。記号のないものは，その他の法令等によるものである。

対象	方法・形態	子どもへの直接サービス			経済的
		居宅	通所・通学・自由利用	入所・委託	
Ⓐ 子ども一般（出生前も含む）		妊娠の届出[l] 母子健康手帳の交付[l] 妊娠中の労働配慮[c] 産前産後の休業[c] 新生児の訪問指導[l] 育児時間の保障[c] 育児休業[n] 乳幼児健診[l] 労働年齢の制限[c]	地域子育て支援拠点事業[d] 一時預かり事業[d] 児童厚生施設[d] 病院・診療所 小学校・中学校[b]	助産施設[d] 病院 子育て短期支援事業[d]	税制による 児童手当[m] 生保・出産 生保・教育 生保・医療 就学奨励助成
Ⓑ 家庭の養育環境	日中の育児ができない	訪問保育[d]	保育所[d] 家庭的保育[d] 認定こども園[v] 放課後児童健全育成事業[d]		
	ひとり親家庭	介護人派遣	母子福祉センター[j] 母子休養ホーム[j]	母子生活支援施設[d]	児童扶養手当 母子福祉資金 母子家庭自立支援
	要養護		児童家庭支援センター[d]	養育里親[d] 乳児院[d] 児童養護施設[d] 小規模住居型児童養育事業[d] 児童自立生活援助事業[d]	
Ⓒ 子ども自身の状況	非行		（児童自立支援施設）[d]	児童自立支援施設[e] 少年院[e][f]	
	不適応		児童心理治療施設[d]	児童心理治療施設[d]	
	病弱・障害	低体重児の届出[l] 未熟児の訪問指導[l] 居宅生活支援事業[d]	児童発達支援センター[d] 保育所[b]　幼稚園[b] 特別支援学校[b] 特別支援学級[b] 一般学校[b]	未熟児に対する養育医療[l] 障害児入所施設[d]	特別児童扶養手当 障害児福祉手当

6 − 601　児童福祉法の構成

児童福祉法第一章「総則」では，最初に児童福祉の理念が記されている。第1節「国及び地方公共団体の責務」は 2016 年の改正で新設された。

第一章　総　則
　　1～3条　児童の権利，児童育成の責任，原理の尊重
　　第一節　国及び地方公共団体の責務
　　第二節　定　義
　　第三節　児童福祉審議会等
　　第四節　実施機関
　　第五節　児童福祉司
　　第六節　児童委員
　　第七節　保育士

第二章　福祉の保障
　　第一節　療育の指導等
　　第二節　居宅生活の支援
　　第三節　助産施設，母子生活支援施設及び保育所への入所
　　第四節　障害児入所給付費，高額障害児入所給付費及び特定入所障害児食費等給付費並びに障害児入所医療費の支給

　　第五節　障害児相談支援給付費及び特例障害児相談支援給付費の支給
　　第六節　要保護児童の保護措置等
　　第七節　被措置児童等虐待の防止等
　　第八節　情報公表対象支援の利用に資する情報の報告及び公表
　　第九節　障害児福祉計画
　　第十節　雑　則
第三章　事業，養育里親及び養子縁組里親並びに施設
第四章　費　用
第五章　国民健康保険団体連合会の児童福祉関係業務
第六章　審査請求
第七章　雑　則
第八章　罰　則
　　附　則

6 − 602　児童福祉法における用語の定義（主なもの）

児童福祉関係法令や行政の中でしばしば使用される用語であるので，それぞれが何を意味するかを正確に把握しておくことが児童福祉制度理解のために必要である。

用　語	定　義
児　童	満 18 歳に満たない者（4 条）
乳　児	満 1 歳に満たない者（4 条）
幼　児	満 1 歳から小学校就学の始期に達するまでの者（4 条）
少　年	小学校就学の始期から満 18 歳に達するまでの者（4 条）
障　害　児	身体に障害のある児童，知的障害のある児童，精神に障害のある児童（発達障害児を含む），又は障害者総合支援法の政令で定める特殊の疾病の児童。（4 条）
妊　産　婦	妊娠中または出産後一年以内の女子（5 条）
保　護　者	親権を行う者，未成年後見人その他の者で，児童を現に監護する者（6 条）
要 保 護 児 童	保護者のない児童または保護者に監護させることが不適当であると認められる児童（6 条の 3 の⑧）
里　親	里親とは，厚生労働省令で定める人数以下の要保護児童を養育することを希望する者で，次に掲げる者をいう。（6 条の 4） 　1　厚生労働省令で定める研修を修了し，その他の要件を満たし，養育里親名簿に登録されたもの（養育里親） 　2　養子縁組によって養親となることを希望し，厚生労働省令で定める研修を修了し，養子縁組里親名簿に登録されたもの（養子縁組里親） 　3　当該要保護児童の父母以外の親族であって，都道府県知事が児童を委託する者として適当と認めるもの
児童福祉施設	12 種の児童福祉施設があげられている（7 条）名称，目的については表 6-2 を参照のこと
事　業	各種の事業について定義されている（6 条の 3）

6－603　児童福祉施設の目的

児童福祉施設は，児童の福祉を保障するための重要な場である。現在，児童福祉法では12種の児童福祉施設を定めている。

施設名		
（18歳）		を豊かにする（児童遊園，児童館等）
児童養護施設 （41条）	保護者のない児童，虐待されている児童，その他環境上養護を要する児童（特に必要のある場合以外は乳児を除く）	入所させて養護し，あわせて退所した者に対する相談その他の自立のための援助を行う
障害児入所施設 （42条） 1 福祉型障害児入所施設	障害児	入所させて，保護，日常生活の指導及び独立自活に必要な知識技能を与える
2 医療型障害児入所施設	障害児	入所させて，保護，日常生活の指導，独立自活に必要な知識技能を与え，治療を行う
児童発達支援センター （43条） 1 福祉型児童発達支援センター	障害児	日々保護者の下から通わせて，日常生活における基本的動作の指導，独立自活に必要な知識技能を与え，集団生活への適応のための訓練を行う
2 医療型児童発達支援センター	障害児	日々保護者の下から通わせて，日常生活における基本的動作の指導，独立自活に必要な知識技能を与え，集団生活への適応のための訓練及び治療を行う
児童心理治療施設 （43条の2）	家庭環境，学校における交友関係その他の環境上の理由により社会生活への適応が困難になった児童	短期間，入所させ，又は保護者の下から通わせて，社会生活に適応するために必要な心理に関する治療及び生活指導を行い，あわせて退所した者について相談その他の援助を行う
児童自立支援施設 （44条）	不良行為をなし，又はなすおそれのある児童および家庭環境その他の環境上の理由により生活指導等を要する児童	入所させ，又は保護者の下から通わせて，個々の児童の状況に応じて必要な指導を行い，自立を支援し，あわせて退所した者について相談その他の援助を行う
児童家庭支援センター （44条の2）	地域の家庭その他	地域の児童の福祉に関する問題につき相談に応じ，助言を行う。 児童相談所や都道府県の委託をうけて要保護児童等への指導を行う（法26条，27条）。 児童相談所，児童福祉施設等との連絡調整その他の援助を総合的に行う

6 - 604　児童福祉施設数等の推移と現況

国，都道府県，市町村以外の者（いわゆる民間で社会福祉法人が中心となっている）は，都道府県知事の認可を得て，すべての種別の児童福祉施設を設置することができる。

施設種別		施設数			施設種別		施設数	定員	在所者数
児童福祉法	児童福祉施設最低基準	1970	1990	2010	2020				
助産施設		960	635	413	助産施設		388	—	—
乳児院		126	118	125	乳児院		144	3,835	2,812
母子生活支援施設		527	327	262	母子生活支援施設		212	4,470	7,862
保育所		14,101	22,703	21,681	保育所・地域型保育事業所	幼保連携型認定こども園	5,721	582,959	570,421
						保育所型認定こども園	1,018	118,766	96,007
						保育所	22,704	2,156,391	1,957,907
						小規模保育事業所A	4,487	78,402	71,420
						小規模保育事業所B	704	12,822	11,688
						小規模保育事業所C	87	821	714
						家庭的保育事業所	868	3,735	3,305
						居宅訪問型保育事業所	11	14	82
						事業所内保育事業所	630	14,076	11,557
児童養護施設		522	533	582	児童養護施設		612	30,900	24,841
知的障害児施設	知的障害児施設	315	307	224	障害児入所施設	（福祉型）	254	8,876	6,476
	自閉症児施設	—	8	5					
知的障害児通園施設		96	215	230					
盲ろうあ児施設	盲児施設	32	21	9		（医療型）	220	20,789	7,883
	ろうあ児施設	37	18	10					
	難聴幼児通園施設	—	27	23					
肢体不自由児施設	肢体不自由児施設	75	72	56	障害児発達支援センター	（福祉型）	642	19,544	37,730
	肢体不自由児通園施設	13	73	83					
	肢体不自由児療護施設	—	8	6		（医療型）	95	3,144	1,951
重症心身障害児施設		25	65	116					
情緒障害児短期治療施設		6	13	37	児童心理治療施設		51	2,175	1,452
児童自立支援施設		57	57	58	児童自立支援施設		58	3,468	1,216
児童家庭支援センター		—	—	75	児童家庭支援センター		144	—	—
児童厚生施設	児童館	1,417	3,840	4,345	児童厚生施設	児童館	4,398	—	—
	児童遊園	2,141	4,103	3,283		児童遊園	2,173	—	—

注：2012年児童福祉法改正で，従来の各種障害児施設は障害別から，4種別に改められた。

（厚生労働省「社会福祉施設等調査」2020〈令2〉）
（e-Stat　H04K　児童福祉施設等数・定員階級）

6 － 605　児童福祉施設の設備及び運営に関する基準に定められた配置職員

児童福祉施設の設備及び運営に関する基準（厚生労働省令）では，児童福祉法による児童福祉施設それぞれについて，設備，職員，運営の基準が示されている。

施行金？歳(乳児及び3歳十人以上，1・2歳児6人に1人以上，3歳児20人に1人以上，4歳以上30人に1人以上
　　（認定こども園である保育所については別の規定がある）

- ●児童厚生施設（38条）
  児童の遊びを指導する者（保育士，社会福祉士，学校教諭有資格者他）

- ●児童養護施設（42条）
  児童指導員，嘱託医，保育士，個別対応職員，家庭支援専門相談員，栄養士，調理員，乳児が入所している施設は看護師
  看護師の数は，乳児1.6人に1人以上
  児童指導員及び保育士の総数は，通じて2歳未満児1.6人に1人以上，2歳児2人に1人以上，3歳以上の幼児4人に1人以上，少年5.5人に1人以上

- ●主として知的障害のある児童（自閉症児を除く）を入所させる福祉型障害児入所施設（49条の1，3）
  嘱託医，児童指導員，保育士，栄養士，調理員，児童発達支援管理責任者
  児童指導員及び保育士の総数は，通じて児童4人に1人以上

- ●主として自閉症児を入所させる福祉型障害児入所施設（49条の4，6）
  児童指導員，嘱託医，保育士，栄養士，調理員，児童発達支援管理責任者，医師，看護職員
  児童指導員及び保育士の総数は，通じて児童4人に1人以上

- ●主として盲ろうあ児を入所させる福祉型障害児入所施設（49条の9，11）
  嘱託医，児童指導員，保育士，栄養士，調理員，児童発達支援管理責任者
  児童指導員及び保育士の総数は，通じて児童4人に1人以上

- ●主として肢体不自由のある児童を入所させる福祉型障害児入所施設（49条の12，13）
  嘱託医，児童指導員，保育士，栄養士，調理員，児童発達支援管理責任者，看護職員
  児童指導員及び保育士の総数は通じて児童3.5人に1人以上

- ●主として自閉症児を入所させる医療型障害児入所施設（58条の1，2）
  医療法に規定する病院として必要な職員のほか，児童指導員，保育士，児童発達支援管理責任者
  児童指導員及び保育士の総数は，通じて児童6.7人に1人以上

- ●主として肢体不自由のある児童を入所させる医療型障害児入所施設（58条の3，5）
  医療法に規定する病院として必要な職員の他，児童指導員，保育士，児童発達支援管理責任者，理学療法士又は作業療法士
  児童指導員及び保育士の総数は通じて乳・幼児10人に1人以上，少年20人に1人以上

● 主として重症心身障害児を入所させる医療型障害児入所施設（58条の6）
　医療法に規定する病院として必要な職員のほか，児童指導員，保育士，児童発達支援管理責任者，理学療法士又は作業療法士，心理指導を担当する職員

● 福祉型児童発達支援センター（主として難聴児，重症心身障害児を通わせるものを除く）（63条の1，2）
　嘱託医，児童指導員，保育士，栄養士，看護職員（医療ケアを行う場合），調理員，児童発達支援管理責任者，機能訓練担当職員（機能訓練を行う場合）
　児童指導員，保育士，機能訓練担当職員，看護職員の総数は，通じて児童4人に1人以上

● 主として難聴児に通わせる福祉型児童発達支援入所施設（63条の3，6）
　嘱託医，児童指導員，保育士，栄養士，調理員，児童発達支援管理責任者，機能訓練担当職員，看護職員，言語聴覚士
　児童指導員，保育士，言語聴覚士，機能訓練担当職員および看護職員の総数は，通じて児童4人に1人。ただし，言語聴覚士の数は4人以上

● 主として重症心身障害児を通わせる福祉型児童発達支援センター（63条の7，9）
　嘱託医，児童指導員，保育士，栄養士，調理員，児童発達支援管理責任者および看護職員のほか，機能訓練担当職員（機能訓練を行う場合）
　児童指導員，保育士，看護職員，機能訓練担当職員の数は，通じて児童4人に1人以上。ただし，機能訓練担当職員の数は1人以上

● 医療型児童発達支援センター（69条）
　医療法に規定する診療所として必要な職員のほか，児童指導員，保育士，看護師，理学療法士又は作業療法士，児童発達支援管理責任者

● 児童心理治療施設（73条）
　医師，心理療法を担当する職員，児童指導員，保育士，看護師，個別対応職員，家庭支援専門相談員，栄養士，調理員
　児童指導員及び保育士の総数は通じて児童4.5人に1人以上

● 児童自立支援施設（80条）
　児童自立支援専門員，児童生活支援員（保育士有資格者他），嘱託医および精神科医師または嘱託医，個別対応職員，家庭支援専門相談員，栄養士，調理員
　児童自立支援専門員及び児童生活支援員の総数は，通じて児童4.5人に1人以上

● 児童家庭支援センター（88条の3）
　児童福祉法44条の2の1項に規定する業務（支援）を担当する職員。法13条第2項各号の児童福祉司任用資格に該当する者

　＊職員配置数の「児童○人に対して1人以上」はすべて"おおむね"である。その他詳細　については，基準そのものをみてほしい。

6－606　児童福祉の事業

児童福祉法に定められ，国からの補助金の対象となる事業は現在14種あり，それぞれの定義は児童福祉法6条の3に示されている。

⑥　地域子育て支援拠点事業
　　乳児又は幼児及びその保護者が相互の交流を行う場所を開設し，子育てについての相談，情報の提供，助言その他の援助を行う事業。
⑦　一時預かり事業
　　家庭において保育を受けることが一時的に困難となった乳児又は幼児について，主として昼間，保育所，認定こども園その他の場所で一時的に預かり，必要な保護を行う事業。
⑧　小規模住居型児童養育事業
　　要保護児童の養育に関し相当の経験を有する者の住居において，要保護児童の養育を行う事業。
⑨　家庭的保育事業
　　一　保育を必要とする乳児・幼児であって満三歳未満のものについて，家庭的保育者（区市町村長が行う研修を修了した保育士その他の者で，区市町村長が適当と認める者）の居宅その他の場所で，家庭的保育者による保育を行う事業（利用定員は5人以下）。
　　二　地域の事情を勘案し，保育を必要とする満三歳以上のものについて，家庭的保育者による保育を行う事業
⑩　小規模保育事業
　　一　保育を必要とする乳児・幼児であって満三歳未満のものについて，保育を目的とする施設（利用定員は6人以上19人以下）において，保育を行う事業。
　　二　地域の事情を勘案し，保育を必要とする満三歳以上のものについて，「一」に規定する施設において保育を行う事業。
⑪　居宅訪問型保育事業
　　一　保育を必要とする乳児・幼児であって満三歳未満のものについて，当該乳児・幼児の居宅において家庭的保育者による保育を行う事業。
　　二　地域の事情を勘案し，保育を必要とする満三歳以上のものについて，当該児童の居宅において家庭的保育者による保育を行う事業。
⑫　事業所内保育事業
　　一　保育を必要とする乳児・幼児であって満三歳未満のものについて，事業主，事業主団体，共済組合等が，雇用する労働者，組合構成員の乳児，幼児を対象に，自ら設置する施設，あるいは委託をうけて保育を実施する施設において，保育を行う事業。
　　二　地域の事情を勘案し，保育を必要とする満三歳以上のものについて，「一」に規定する施設において，保育を行う事業。
⑬　病児保育事業
　　保育を必要とする乳児・幼児又は保護者の労働，疾病その他の事由により家庭において保育を受けることが困難となった小学校就学児童であって疾病にかかっているものについて，保育所，認定こども園，病院，診療所その他において保育を行う事業。
⑭　子育て援助活動支援事業
　　次に掲げる援助のいずれか又は全てを受けることを希望する者と，援助希望者（個人に限る）との連絡，調整，援助希望者への講習の実施その他必要な支援を行う事業。
　　一　児童を一時的に預かり，必要な保護（宿泊を含む）を行うこと。
　　二　児童が円滑に外出することができるよう，その移動を支援すること。

6－607　児童福祉の機関

児童福祉法 10，11 条では，法の施行（児童福祉の実施）について，市町村，都道府県各機関の業務の内容を規定している。

●市町村の業務（10条）
　児童及び妊産婦の福祉に関する実情の把握，情報の提供，家庭からの相談に応じ調査，指導を行い，また必要な支援を行う。これらに当たり，必要に応じ，児童相談所の援助・助言を求め，判定を求める。

●都道府県の業務（11条）
　①市町村の業務の実施に関し，必要な援助を行う。
　②児童及び妊産婦の福祉に関し，イ，市町村の区域を超えた広域的な見地から実情の把握に努める。ロ，児童に関する家庭その他からの相談のうち，専門的な知識，技術を必要とするものに応じる。ハ，児童とその家庭について，調査，判定を行う。ニ，調査，判定に基づいて児童およびその保護者に対して専門的な指導を行う。ホ，児童の一時保護を行う。ヘ，児童に里親への委託点から一時保護委託の調整，児童の養子縁組，里親に関する普及啓発，里親への援助，里親の選定などの業務を行う。チ，養子縁組に関する者についての援助を行う。
　③児童及び妊産婦の福祉に関し，広域的な対応が必要な業務，専門的な知識及び技術を必要とする業務を行う。

●児童相談所（12条）
　都道府県が設置し，児童の福祉に関する都道府県の業務（前条の①，②のロ～チ及び③），並びに障害者総合支援法に規定された業務を行う。

●児童福祉司（13条）
　都道府県により，児童相談所に都道府県知事の補助機関である職員としておかれる。児童相談所長の命を受けて，児童の保護その他児童の福祉に関して，相談に応じ，専門的技術に基づいて指導を行う。

●福祉事務所
　市町村（都道府県）の設置する福祉事務所は，児童福祉法に定める事務のうち市町村（都道府県）が処理するとされているものをつかさどる。（社会福祉法14条）

●保健所（12条の6）
　児童福祉法の施行に関し，次の業務を行う。①児童の保健について衛生知識の普及，②児童の健康相談，健康診査，保健指導，③身体に障害のある児童，疾病により長期療養を必要とする児童の療育についての指導，④児童福祉施設に対し，栄養，衛生について助言を与える。

●児童委員（16，17，18条）
　市町村の区域に置かれ，民生委員法の民生委員（都道府県知事の推薦により，厚生労働大臣が委嘱）が充てられる。厚生労働大臣は，児童委員のうちから主任児童委員を指名する。
　児童委員の職務は，児童及び妊産婦について，その生活および環境の状況を把握すること，保護，保健その他の福祉に関し，情報の提供，援助，指導を行うこと，福祉事業経営者などと連携し，事業や活動を支援すること，児童福祉司又は福祉事務所の社会福祉主事の行う職務に協力することなど。主任児童委員は，児童委員の職務について児童の福祉に関する機関と児童委員との連絡調整，児童委員の活動に対する援助，協力を行う。
　児童委員は担当区域内の児童又は妊産婦について，児童相談所長又は市町村長に状況を通知し，意見を述べる。

●児童福祉審議会等（8条）
　都道府県に児童福祉に関する審議会その他の合議制の機関を置く。調査・審議の事項は，児童及び知的障害者の福祉を図るため，芸能，出版物等を推薦する（8条9項），都道府県知事が要保護児童についての措置をとる等の場合意見を聴く（27条6項），都道府県知事は，審議会の意見を聴き，設備や運営が最低基準に達しないなどの場合，児童福祉施設の設置者に対し，事業の停止を命ずることができる（46条4項），都道府県知事は，認可外施設について審議会の意見を聴き，事業の停止，施設の閉鎖を命ずることができる（59条5項），等。

---

6 - 608　保育所等教育・保育給付実施のしくみ

子ども・子育て支援新制度による給付は，「子ども・子育て支援給付」として，子どものための「現金給付」（児童手当）と，「子どものための教育・保育給付」の2つが提供されることになった。

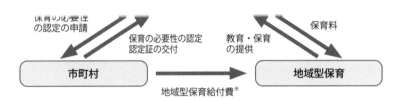

※保護者に対する個人給付を基礎とし，確実に教育・保育に要する費用に充てるため，
　法定代理受領の仕組みとなる。

施設等利用給付実施のしくみ

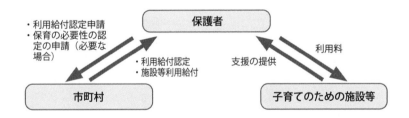

6 − 609　要保護児童の保護のしくみ

要保護児童数は，児童虐待の相談件数の著しい増加傾向に伴う形で大幅に増加している。要保護児童の保護のあり方は子どもの人権にかかわるものであり，迅速かつ慎重な対応が必要とされる。

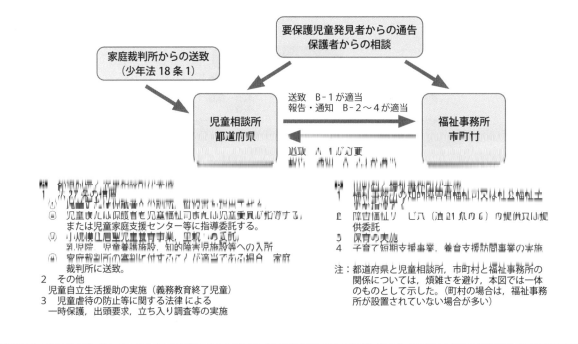

6 − 610　子ども・子育て支援新制度給付・事業の全体像

「子ども・子育て支援新制度」は，社会全体で子ども・子育てを支えるという考え方のもと，消費税を主な財源とし，さまざまな支援の費用のしくみを一本化し，市町村が実施するものである。

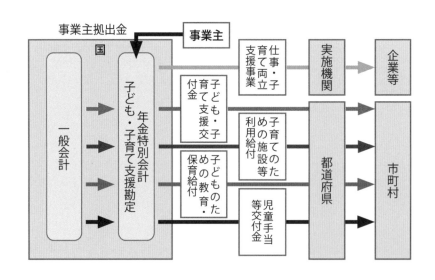

（内閣府「令和2年度における子ども・子育て支援新制度に関する予算案の状況について」2020〈令2〉）

7 - 701　子ども・子育て支援給付の体系

新制度による「子どものための教育・保育給付」は，保育所，幼稚園，認定こども園への「施設型給付」と，待機児童解消と地域における保育機能確保のための「地域型保育給付」に分けられる。

7 - 702　「教育・保育給付」利用のための認定区分

保育の必要性の認定は，1 号認定（教育標準時間認定：満 3 歳以上で学校教育のみ利用），2 号認定（満 3 歳以上の保育認定），3 号認定（満 3 歳未満の保育認定）の 3 つに区分された。

認定区分	対象（就学前児童）	利用先
1 号認定 教育標準時間認定	満 3 歳以上で，教育を希望する場合	認定こども園，幼稚園
2 号認定 保育認定	満 3 歳以上で，「保育を必要とする事由」に該当し，保育所などでの保育を希望する場合	認定こども園，保育所
3 号認定 保育認定	満 3 歳未満で，「保育を必要とする事由」に該当し，保育所などでの保育を希望する場合	認定こども園，保育所，地域型保育事業

（内閣府「子ども・子育て新制度について」2016〈平 28〉）

7－703　保育の必要量

保育の必要量としては，フルタイム就労を想定した「保育標準時間」と，パートタイム就労を想定した「保育短時間」利用に区分される。

必要量の区分	対　象
「保育標準時間」利用	フルタイム就労を想定した利用時間 （最長 11 時間）
「保育短時間」利用	パートタイム就労を想定した利用時間 （最長 8 時間・就労時間の下限は 1 か月 あたり 48 時間）

（内閣府「子ども・子育て新制度について」2016〈平 28〉）

7－704　保育所の施設数，在所児童数の推移

少子化傾向が続いている一方で，保育所利用の需要は近年ますます拡大しているが，施設数は不足しており，保育所に入れない待機児童の存在が大きな社会問題となっている。

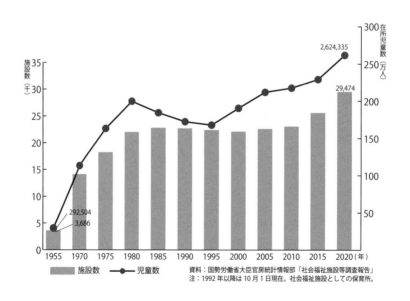

資料：国勢労働省大臣官房統計情報部「社会福祉施設等調査報告」
注：1992 年以降は 10 月 1 日現在。社会福祉施設としての保育所。

（厚生労働省「社会福祉施設等報告」）

7 − 705　保育所と幼稚園，認定こども園の制度の比較

子ども・子育て支援新制度により，施設型給付の対象となる施設は，保育所，幼稚園，認定こども園の 3 類型となった。それぞれの根拠法や所得官庁をはじめとする相違点を確認しておきたい。

	保育所	幼稚園	
1 日の保育時間	8 時間を原則とする（児童福祉施設の設備及び運営に関する基準第 34 条）	教育時間は 4 時間を標準とする（教育要領第 1 章第 3 の 3）＊	標準的な教育時間は 4 時間，保育を必要とする園児に対する教育及び保育の時間は 8 時間を原則とする（幼保連携型認定こども園の学級の編成，職員，設備及び運営に関する基準第 9 条第 1 項 2，3）
年間の保育時間	特に規定なし	39 週以上（教育要領第 1 章第 3 の 3）	教育週数は 39 週以上（同上基準第 9 条第 1 項 1）
保育者の数	乳児 3 人に 1 人以上，1，2 歳児 6 人に 1 人以上，3 歳児 20 人に 1 人以上，4 歳以上 30 人に 1 人以上（設備及び運営に関する基準第 33 条）	1 学級の幼児数は 35 人以下（幼稚園設置基準第 3 条）各学級に専任の教諭等を 1 人以上（同第 5 条）	3 歳以上の園児については学級を編成し，1 学級の園児数は 35 人以下を原則（同上基準第 4 条）教育及び保育に直接従事する職員は 4 歳以上 30 人に 1 人以上，3 歳児 20 人に 1 人以上，1，2 歳児 6 人に 1 人以上，0 歳児 3 人に 1 人以上（同上基準第 5 条 3）
保育者の名称・資格	保育士（法第 18 条の 4 〜 6）	幼稚園教諭（法第 27 条）（教育職員免許法）	保育教諭（認定こども園法第 14 条，15 条）

＊保護者の希望に応じて，4 時間を標準とする幼稚園の教育時間の前後や土曜・日曜，長期休業期間中に，幼稚園において「預かり保育」教育活動を行っている。（幼稚園教育要領上は，「教育課程に係る教育時間の終了後に希望する者を対象に行う教育活動」と表現されている。）

（厚生労働省雇用均等・児童家庭局保育課調査〈2022 年現在〉）

7－706　希望する時間から入所までの待機時間

保育需要の拡大により，保育所の整備が追いつかず，多くの待機児童が生じている。子ども・子育て支援新制度創設の主要な目的は，こうした待機児童問題解消にあるといえる。

区　　分	世帯数	％
３か月未満	70,518	23.5
３～６か月	92,746	30.8
６～９か月	32,296	10.7
９～12か月	41,665	13.9
12か月以上	21,512	8.8
不詳	26,066	7.3
計	300,700	100.0

（厚生労働省「地域児童福祉事業等調査」2012〈平 24〉）

7－707　年齢区分別の利用児童数・待機児童数

新制度の打開策は，幼稚園の認定こども園化と従来の認可外保育施設を地域型保育給付対象施設として組み込むことで量的拡大を図るものだが，保育の質の低下の招来を危惧する声もある。

	2020 年度利用児童		2020 年度待機児童	
低年齢児（０～２歳）	1,105,335	40.3%	4,935	87.6%
うち０歳児	146,361	5.3%	476	8.5%
うち１・２歳児	958,974	35.0%	4,459	79.1%
３歳児以上	1,636,736	59.7%	699	12.4%
全年齢児計	2,742,071	100.0%	5,634	100.0%

（注）利用児童数は，全体（幼稚園型認定こども園等，地域型保育事業を含む）

（厚生労働省「保育所等関連状況取りまとめ」2021〈令 3〉）

7 − 708　保育所の基準の概要

保育所の設備・運営については，「児童福祉施設の設備及び運営に関する基準」（32 〜 36 条）により，設備基準，職員配置，保育時間，保育の内容等が規定されている。

			代替可）
		調理室，便所の設置	
保育時間	1 日につき 8 時間原則		

7 − 709　開所時間別保育所

保育所の保育時間は，保護者の労働時間と通勤時間をカバーする必要がある。1 日 8 時間を原則としているが，利用者のニーズや地域性を考慮し，独自に保育時間を設定している保育所が多い。

総　数	9 時間以下	9 時間超 9 時間半以下	9 時間半超 10 時間以下	10 時間超 10 時間半以下	10 時間半超 11 時間以下	11 時間超 11 時間半以下	11 時間半超 12 時間以下	12 時間超
29,474 （園）	115	55	199	794	4,439	4,076	14,388	5,408
100.0 （%）	0.4	0.2	0.7	2.7	15.1	13.8	48.8	18.3

（厚生労働省「社会福祉施設等調査」2020〈令 2〉）
（e-Stat　H06K　保育所等数・開所時間別）

7 - 710　幼保連携型認定こども園とその他の認定こども園の比較（主なもの）

施設型給付の対象となる認定こども園は，①幼保連携型，②幼稚園型，③保育所型，④地方裁量型の4類型に大別されるが，それぞれの法的性格，職員資格などの相違点を確認しておきたい。

	幼保連携型認定こども園	幼稚園型認定こども園	保育所型認定こども園	地方裁量型認定こども園
法的性格	学校かつ児童福祉施設	学校 （幼稚園＋保育所機能）	児童福祉施設 （保育所＋幼稚園機能）	幼稚園機能＋保育所機能
職員の性格	保育教諭（注） （幼稚園教諭＋保育士資格）	満3歳以上➡両免許・資格の併有が望ましいがいずれかでも可 満3歳未満➡保育士資格が必要	満3歳以上➡両免許・資格の併有が望ましいがいずれかでも可満 3歳未満➡保育士資格が必要 ただし，2・3号子どもに対する保育に従事する場合は保育士資格が必要	満3歳以上➡両免許・資格の併有が望ましいがいずれかでも可 満3歳未満➡保育士資格が必要
給食の提供	2・3号子どもに対する食事の提供義務 自園調理が原則・調理室の設置義務（満3歳以上は，外部搬入可）	2・3号子どもに対する食事の提供義務 自園調理が原則・調理室の設置義務（満3歳以上は，外部搬入可） ＊ただし，基準は参酌基準のため，各都道府県の条例等により，異なる場合がある。	2・3号子どもに対する食事の提供義務 自園調理が原則・調理室の設置義務（満3歳以上は，外部搬入可）	2・3号子どもに対する食事の提供義務 自園調理が原則，調理室の設置義務（満3歳以上は，外部搬入可） ＊ただし，基準は参酌基準のため，各都道府県の条例等により，異なる場合がある。
開園日・開園時間	11時間開園，土曜日が開園が原則（弾力運用可）	地域の実情に応じて設定	11時間開園，土曜日が開園が原則（弾力運用可）	地域の実情に応じて設定

注：一定の経過措置あり

（内閣府「子ども・子育て支援制度について」認定こども園　2016〈平28〉）

7 - 711　認定こども園の認定件数

財政措置が，幼保連携型を含めすべて「施設型給付」に一本化された結果，認定こども園の認定件数が大きく増加してきている。

認定件数	公私の内訳		種類別の内訳			
	公　立	私　立	幼保連携型	幼稚園型	保育所型	地方裁量型
8,585	1,325	7,260	6,093	1,246	1,164	82

（2021年4月1日）　件

（内閣府「認定こども園に関する状況について」2021〈令3〉）

7－712　地域型保育事業の認可基準

地域型保育給付の対象となる事業は，家庭的保育，小規模保育，居宅訪問型保育，事業所内保育の4つがあり，市町村による認可事業として児童福祉法に位置付けられた。

事業類型	職員数	職員資格	保育室等	給食

* 給食，連携施設の確保に関して，移行にあたっての経過措置を設けている。

(注)　＊1 保健師，看護師又は准看護師の特例を設定（平成27年4月1日からは准看護師も対象）
　　　＊2 市町村長が行う研修を修了し，保育士，保育士と同等以上の知識及び経験を有すると市町村長が認める者とする。
　　　＊3 家庭的保育事業の調理員について，3名以下の場合，家庭的保育補助者を置き，調理を担当することも認める。

（内閣府・文部科学省・厚生労働省「『子ども・子育て支援新制度』ハンドブック」2015〈平27〉）

7－713　認可外保育施設等の状況

「ベビーホテル」とは，①夜8時以降の保育，②宿泊を伴う保育，③一時預かりのいずれかを常時運営している施設である。新制度実施後の認可外保育施設の動向が注目される。

	施設数 （か所）	入所児童数 （人）	指導監督基準に 適合しているもの
ベビーホテル	1,261	18,835	856か所中 395か所（46.1%）
その他の認可 外保育施設	4,114	103,788	3,151か所中 1,780か所（56.5%）

（2019年3月現在）

（厚生労働省「認可外保育施設の現況とりまとめ」2019〈令1〉）

8 － 801　社会的養護の体系

社会的養護の体系は，子どもを家庭的な環境の中で養育する家庭養護と，乳児院や児童養護施設などの施設養護の大きな 2 つの柱からなっているが，近年，中間的な養護の形態も増えている。

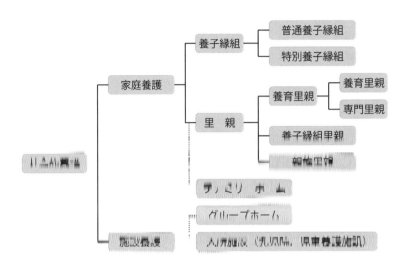

8 － 802　児童福祉施設の在籍人員里親委託児童数の推移

社会的養護を必要とする子どものうちの約 85% は乳児院，児童養護施設などの施設養護に生活の場を移し，残りの子どもについては里親委託などの家庭的養護で生活している。

	児童数 （人）	構成比 （%）
施設収容児童総数	26,115	77.2
乳児院	2,481	7.3
児童養護施設	23,634	69.9
家庭養護児童数	7,707	22.8
里親	6,019	17.8
ファミリーホーム	1,688	5.0

（厚生労働省「福祉行政報告例」2020〈令 2〉）

8 - 803 児童相談所における児童虐待の法的対応と流れ

児童福祉法改正で，児童相談所から市区町村への事案の引継ぎが可能になった他，児相の体制強化のため，児童心理司，医師または保健師の配置，弁護士の配置が準ずる措置を講ずるとされた。

児童福祉審議会
諮問 ▲ ▼ 答申 (※2)

(※5)

弁護士会／民間相談機関　など

※1　2ヶ月を超える親権者等法に反する一時保護については家庭裁判所の承認が必要です
※2　措置の決定及びその解除にあたって都道府県児童福祉審議会の意見を聞いて判断する場合があります
※3　東京都では平成30年10月より虐待通告を受けた後48時間以内に子供の安全確認ができない場合には原則立入調査を行うこととしています
※4　保護者がその児童を虐待していた場合等は児童の親権者等の意に反しても家庭裁判所の承認を得て当該自動について児童養護施設への入所等の措置をとることがあります
※5　児童虐待を行った保護者について児童との面会通信の制限または接近禁止を命令する場合があります

（東京都福祉保健局「児童相談体制の強化」）

8 - 804 児童相談所における養護相談の処理件数

要保護児童は，児童福祉法において「保護者のない児童又は保護者に監護させることが不適当であると認められる児童」（第6条3の8）と規定されている。

年　度	総　数	傷　病	家　出 (失踪含む)	離　婚	死　亡	家族環境		その他
						虐　待	その他	
1995	29,788	5,985	2,243	2,168	541	2,722	8,769	7,110
2000	52,851	6,897	1,875	1,904	417	17,725	13,199	10,834
2005	75,668	7,443	1,299	1,391	401	34,531	20,653	9,950
2010	99,068	7,165	812	808	398	55,924	21,863	12,098
2015	162,119	8,697	694	630	572	103,915	30,801	16810
2020	280,985	6,572	558	319	484	206,301	43,693	23,058

注：同ケースについて処理が2つ以上行われた場合は複数計上している。　　　　　　（件）
　　1995年には養護相談内容に棄児という項目が設けられ250人が計上されていた。

（厚生労働省「福祉行政報告例」1996〈平8〉～2020〈令2〉）

8－805 児童相談所における養護相談の種類別対応件数

児童相談所における要保護児童に関する相談のうち，養護相談件数は増加を続けているが，養護相談の一割弱の子どもは児童福祉施設や里親に委託されている。

	総　数	児童福祉施設入所	里親委託	面接指導	その他
件　数	280,985	5,998	1,648	237,118	36,221
（%）	100.0	2.1	0.5	84.4	12.9

（厚生労働省「福祉行政報告例」2020〈令2〉）

8－806 児童相談所における児童虐待相談対応件数の推移

近年もっとも多い養護相談は，虐待に関する相談である。1990年から児童相談所の養護相談のうち虐待の相談件数と内容が報告されるようになったが，対応件数は年々増加の一途を辿っている。

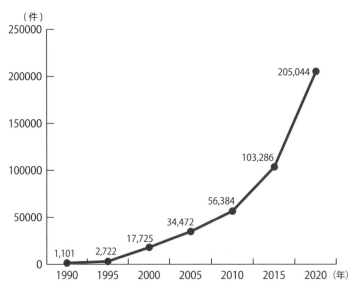

（厚生労働省「福祉行政報告例」）

8－807　虐待の内容別相談件数

最近の相談の特徴として，心理的虐待の範囲が広がったことから最も多く，次いで身体的虐待やネグレクトの件数の増加が目立つ。複数の虐待が重複して発生しているケースも多い。

（厚生労働省「福祉行政報告例」2020〈令2〉）

8－808　被虐待児童の年齢構成

子どもが虐待を受ける要因として，よく泣く，なだめにくい，その他のいわゆる「手のかかる子」「育てにくい子」や慢性疾患，障害を有する，などが指摘されている。

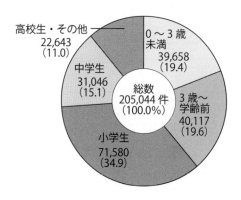

高校生・その他
22,643
（11.0）

中学生
31,046
（15.1）

0〜3歳
未満
39,658
（19.4）

総数
205,044件
（100.0%）

3歳〜
学齢前
40,117
（19.6）

小学生
71,580
（34.9）

（厚生労働省「福祉行政報告例」2020〈令2〉）

8 − 809　主たる虐待者

虐待をした親側の要因として，親自身が子どもの頃に虐待を受けていた，親が若年齢で情緒的・社会的に未熟な状態である，経済的に苦しい，地域から孤立していることなどがあげられる。

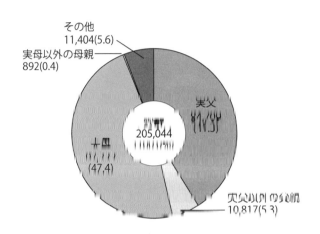

その他
11,404(5.6)

実母以外の母親
892(0.4)

総数
205,044

実父
81,713

実母
97,111
(47.4)

実父以外の父親
10,817(5.3)

（厚生労働省「福祉行政報告例」2020〈令2〉）

8 − 810　養護児童等の養護問題発生理由別児童数

社会的養護の必要な要保護児童に対して，社会は家庭に代わる環境を与え，健全な育成を図り，自立を支援しなければならないが，養護問題はますます複雑化，深刻化しているのが現状である。

区　分	里　親		乳児院		児童養護施設	
	(人)	(%)	(人)	(%)	(人)	(%)
父母の死亡	116	6.2	9	0.5	84	1.8
父母の行方不明	48	2.6	16	0.8	28	0.6
父母の離婚	12	0.6	17	0.9	59	1.3
父母の不和	16	0.9	27	1.4	56	1.2
父母の拘禁	54	2.9	62	3.2	142	3.0
父母の入院	74	3.9	79	4.1	171	3.7
父母の就労	28	1.5	40	2.1	86	1.8
父母の精神障害	199	10.6	410	21.1	402	8.6
父母の放任怠惰	153	8.2	229	11.8	564	12.1
父母の虐待	400	21.3	411	21.2	2,074	44.3
棄　児	19	1.0	11	0.6	6	0.1
父母の養育拒否	332	17.7	155	8.0	202	4.3
破産等の経済的理由	109	5.8	154	7.9	107	2.3
児童の問題による監護困難	76	4.1	−	−	247	5.3
その他	238	12.7	322	16.6	452	9.7
計	1,874	(100.0)	1,942	(100.0)	4,680	(100.0)

（厚生労働省「社会的養育の推進に向けて」2019〈令1〉）

8 – 811　里親数，里親委託児童数

児童福祉法において，里親とは，要保護児童を養育することを希望する者であって，都道府県知事が適当と認めたものである（第6条の4）。

（厚生労働省「福祉行政報告例」）

8 – 812　里親の種類

里親は，2008年の法改正により養育里親，親族里親，養子縁組里親の3つに大別され，専門里親は養育里親に含まれることになった。

	役　　割
養育里親	保護者のない児童又は保護者に監護させることが不適当であると認められる児童（要保護児童）を養育する里親として認定を受けた者で，数ヶ月以上数年間ないし長期の年数にわたって里子を受託し，ケアする里親
専門里親	3年以内の期間を定めて，児童虐待等の行為によって心身に有害な影響を受けた児童に対するケアの専門性を有し，かつ委託の要件が付され，手当の加算等が配慮されるべき里親．次のいずれかの要件を満たし，専門里親研修の課程を修了した者 ・養育里親として3年以上の養育経験者 ・3年以上児童福祉事業に従事した者 　（例）施設職員，児童福祉司，心理判定員，保健師，教員，家庭調査官， 　　　　少年院教官等
養子縁組里親	養子縁組によって養親となることを希望する里親
親族里親	次に掲げる要件を満たす要保護児童を養育する里親として認定を受けた者 ①当該親族里親の三親等以内の親族であること ②両親その他要保護児童を現に監護する者が死亡，行方不明又は拘禁等の状態となったことにより，これらの者による養育が期待できないこと

8 − 813　4 類型の登録里親，委託されている里親，委託児童数

国は，里親の調査分析，里親登録前後及び委託後における研修，子どもとのマッチング等，里親養育支援を総合的に実施する体制を構築すべく予算の拡充を図って取り組みを推進している。

区　分	総　数	養育里親	専門里親	親族里親	養子縁組里親
登録里親数（世帯）	14,401	11,853	715	610	5,619
委託里親数（世帯）	4,759	3,774	171	565	353
委託児童数（人）	6,019	4,621	206	808	384

（厚生労働省「福祉行政報告例」2020〈令 2〉）
（e-Stat　51　里親及び里親に委託されている児童数）

8 − 814　里親とファミリーホームの比較

ファミリーホーム（小規模住居型児童養育事業）は，2008 年の児童福祉法改正で新設。経験を有する者その他の厚生労働省令で定める者の住居において，要保護児童の養育を行うものである。

	里　親	ファミリーホーム
形　態	家庭養護（養育者の家庭に迎え入れて養育を行う）	
位置づけ	個　人	第 2 種社会福祉事業（多くは個人事業者。法人形態も可能）
措置児童数	1〜4 名	定員 5〜6 名
養育の体制	里親（夫婦又は単身）	養育者と補助者があわせて 3 名以上（措置費上は，児童 6 人の場合，常勤 1 名＋非常勤 2 名）
措置費	里親手当 養育里親 90,000 円 （2 人目以降も 90,000 円を加算）	上記の人件費に基づく事務費を委託児童数に応じて算定
		賃借による場合は，自治体により異なる措置費（国基準：1 か月 10 万円）で算定
	児童の一般生活費（約 52,370 円），各種の教育費，支度日等は共通	

（厚生労働省「社会的養護の現状」2022〈令 4〉）

9 – 901　非行の具体例

非行とは「道義にはずれた行い，不正の行為，特に青少年の，法律や社会規範に反した行為」（『広辞苑』）をさす。

（警察庁生活安全局「少年の補導及び保護の概況」）

9 – 902　刑法犯少年の包括罪種別検挙状況

刑法犯少年の検挙数は過去に三つのピークがあった。一つ目は 1951 年戦後混乱期における「貧困型」，二つ目は 1964 年高度経済成長期の「反抗型」，三つ目が 1983 年の「遊び型」である。

	総　計	凶悪犯	粗暴犯	窃盗犯	知能犯	風俗犯	その他	占有離脱物横領
人数	14,818	410	2,815	7,421	923	469	2,780	1,051

（警察庁生活安全局「少年の補導及び保護の概況」2021〈令 3〉）
（1-2-1-4 表　刑法犯少年の包括罪種別検挙人員の推移）

9－903　不良行為少年の様態別補導状況

不良行為には，深夜徘徊，喫煙，飲酒，家出，薬物乱用があるが，補導件数が最も多いものは，深夜徘徊で，次いで喫煙となっている。

区　分	総　計	深夜徘徊	喫　煙	飲　酒	不健全娯楽	粗暴行為	家　出
人数	308,563	158,202	92,786	13,815	12,829	5,904	3,694

区　分	怠　学	不良交友	暴走行為	無断外泊	金品持ち出し	不健全性的行為	その他
人数	3,042	2,924	1,771	1,077	020	010	10,290

(警察庁生活安全局「少年の補導及び保護の概況」2021〈令3〉)
(1-3-5-2 表　不良行為少年の態様別補導人員の推移)

9－904　「非行予防エクササイズ」

非行予防教育の方法としての取り組みである。そこで使われているエクササイズ「犯罪（非行）さがし」のワークシートからどのような行動が非行にあたるのかを考えてみよう。

> ●エクササイズ
>
> ●次にあげる行動例について，「ア．悪くないこと」「イ．悪いこと」「ウ．悪いことの中でも犯罪（非行）にあたること」に分けてみよう。
>
> ❶ みんなが待ち並んでいる列に，こっそりと割り込む。（　　　）
> ❷ 相手が頭にくることを言ったので，殴る。（　　　）
> ❸ お年寄りが目の前に立ったのに，電車で席をゆずらない。（　　　）
> ❹ 高熱があったので，大切なテストを休む。（　　　）
> ❺ 駅前に何日も放ってあった誰かの自転車を，勝手に持って帰る。（　　　）
> ❻ 友達の万引きがうまくいくよう見張りをする。（　　　）
> ❼ 困っている人がいたのに，急いでいたから知らんぷりをする。（　　　）
> ❽ スポーツの試合で，わざとではなく相手とぶつかり，ケガをさせる。（　　　）
> ❾ 用もないのにナイフを持ち歩く。（　　　）
> ❿ 青信号で横断していたら，急に車が曲がってきて，ひかれそうになる。（　　　）

9 − 905　現代非行の特質と非行形態の移り変わり

村尾泰弘は元家裁調査官での臨床実践を生かして，非行の特徴を時代背景から説明しているが，戦後から現在までを 5 期に分け，少年非行の形態をまとめている。

注：グラフは少年人口比を示す。少年人口比とは，10 歳以上 20 歳未満の少年人口 10 万人
　　当たりの少年刑法犯検挙人員の比率である。

（村尾泰弘編著『Q&A 少年非行を知るための基礎知識』明石書店　2008　p.17）

9 − 906　非行少年の分類

少年法における非行とは，14 歳以上 20 歳未満の少年による犯罪行為，14 歳未満の少年による触法行為，20 歳未満のすべての少年による虞犯行為の総称である。

非行少年	犯罪少年	14 歳以上 20 歳未満の少年による犯罪行為
	触法少年	14 歳未満の少年による触法行為（刑罰法令に触れる行為）
	虞犯少年	20 歳未満の性格，行状等から判明して将来罪を犯し，又は刑罰法令に触れる行為をするおそれのある少年

9－907　触法少年による凶悪事件の推移

殺人，強盗，強姦，放火などの凶悪事件の総計は，1962年をピークに減少傾向が続いている。長期的統計を見るかぎり，触法少年が「凶悪化」していると単純には言いきれないであろう。

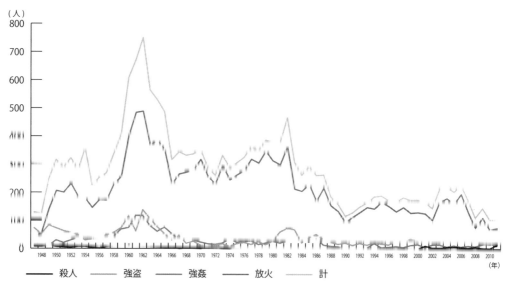

（警視庁「犯罪統計書」）

9 － 908　公的な非行臨床機関の概要

非行少年を扱う臨床機関としては，警察の少年相談，児童相談所，家庭裁判所，少年鑑別所，児童自立支援施設，保護観察所，少年院，少年刑務所がある。

臨床機関	臨床機関の特徴等
（全国 52 施設）	年に対し，健全な育成のための支援を含む観護処遇を行う，③地域社会における非行及び犯罪の防止に関する援助を行うことを業務とする。
●児童自立支援施設 （国立 2，公立 54， 法人立 2 施設）	職員と児童が共に生活し育ちあう，「共生共育」を基本理念として，職員と寝食を共にしながら職員と子どもたちとの関係を密にしながら規則正しい生活の中で，清掃を始めとする環境整備や，農作業などを通じて集団の中で自律性や協調性を身に着けて，自立する力を養う。 敷地内に施設の近隣の小中学校の分校が併設されており，家庭での不適切な養育環境や生育の過程で，学校に行けていない子どもたちのために義務教育に相当する期間の学習環境が保障されている。 退所後の児童のために，新しい環境に向けた心構えを始め，退所へ向けての準備を行う。退所後は児童相談所や，他の福祉行政や福祉施設等と定期的に連絡を取り合いながら，生活の様子を見守っていく。必要に応じて相談に応じたり，関係機関と連携しながら支援を行っていく。
●保護観察所 （法務省所管， 全国 50 か所他）	保護観察官，保護司により，①面接による生活状況等の把握，②遵守事項を守って生活するよう指示・措置，③特定の犯罪傾向を改善するための専門的処遇などの「指導」（指導監督），①同居する家族と連絡をとらせる，②適切な医療機関の情報を提供，③就労に関する情報の提供，④ボランティア活動などの参加を促す，⑤学校への協力を依頼，⑥薬物依存からの支援団体の情報を提供，などの「支援」（補導援護）を行う。
●少年院 （法務省所管， 全国 46 施設）	少年院は，家庭裁判所から保護処分として送致された少年に対し，その健全な育成を図ることを目的として，矯正教育や社会復帰支援等を行う施設である。少年の年齢や心身の状況により，第 1 種～第 5 種の施設がある。 少年院では，少年の必要性や施設の立地条件等に応じた特色のあるさまざまな教育活動が行われている。矯正教育の内容は，生活指導，職業指導，教科指導，体育指導及び特別活動指導から成り立っており，円滑な社会復帰を図るため，様々な関係機関と連携を図りながら，在院者の帰住先や就労・修学先を確保するなど社会復帰支援に力を入れている。
●少年刑務所 （法務省所管， 全国 6 施設）	16 歳以上 20 歳未満の受刑者を収容する刑務所である。 少年刑務所は，保護処分に付すよりも刑罰を科す方が適切であると家庭裁判所に判断された少年が，刑事裁判にかけられて実刑判決を受けた場合に収容される施設である。 少年院と少年刑務所は，少年が何かしらの刑事事件を起こしたことによって収容される施設である点では共通しているが，少年院が少年の更生及び教育に重点が置かれているのに対し，少年刑務所は，基本的に成人が収容される刑務所と同様に，刑罰として刑務作業などを行うことになる。ただ，少年であることにも配慮はなされており，成人とは異なる教育的処遇も取られている。

9 - 909　非行少年に対する手続きの流れ

2021 年の家庭裁判所の処理件数は，最終処理人員 43,872 人，審判を開始しない審判不開始 20,033 人，審判をしたが処分しない者が 7,926 人であった。

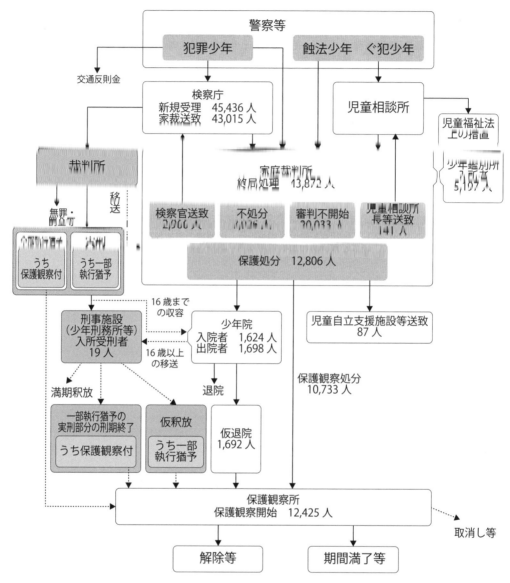

注 1　検察統計年報，司法統計年報，矯正統計年報及び保護統計年報による。
　　2　「検察庁」の人員は，事件単位の延べ人員である。例えば，1 人が 2 回送致された場合には，
　　　　2 人として計上している。
　　3　「児童相談所長等送致」は，知事・児童相談所長送致である。
　　4　「児童自立支援施設等送致」は，児童自立支援施設，児童養護施設送致である。
　　5　「出院者」の人員は，出院事由が退院又は仮退院の者に限る。
　　6　「保護観察開始」の人員は，保護観察処分少年及び少年院仮退院者に限る。

（法務省「犯罪白書」2020〈令 2〉）

9 − 910　非行少年犯罪者の保護観察までの流れ

非行少年は，児童自立支援施設や少年院などの施設を退所または仮退所した後，保護観察となる。
国と民間の連携により退所後の少年を長期的に支援していくシステムの確立が求められている。

10 － 1001　WHO（世界保健機関）の 1980 年「国際障害分類」（ICIDH）

この分類により「障害」は，心身の機能・形態障害だけでなく，個人的レベルの「能力障害」や社会的レベルの「社会的不利」を含め，多面的，総合的に捉えるべきであることが明らかにされた。

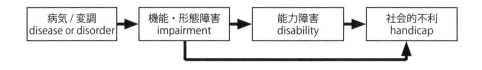

10 － 1002　WHO（世界保健機関）の 2001 年「国際生活機能分類」（ICF）

ICF は，生活機能から障害を分類し，障害のある人々の生き方にまで視野を広げた。ICIDH から ICF への転換は，「医療モデル」から「社会モデル」への転換とも呼ばれている。

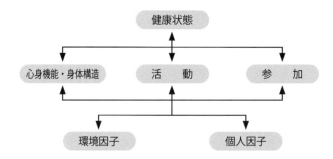

10 － 1003　全国の障害児・者数

障害者基本法では，「障害者」を身体障害者，知的障害者，精神障害者（発達障害者含む）の３つに定義する。障害をもつ 18 歳以上の者を「障害者」，18 歳未満の者を「障害児」ととらえる。

		総　数	在宅者	施設入所者

注：ICD-10 の「Ⅴ精神及び行動の障害」から精神遅滞を除いた数に，
　　てんかんとアルツハイマーの数を加えた患者数。　　　　　　（万人）
　　身体障害児・者の施設入所者数は，高齢者関係施設入所者を含まない。

（内閣府「障害者白書」2022〈令 4〉）

10 － 1004　障害の種類別にみた身体障害児数の推移

「身体障害児」とは，「身体に障害のある児童（18 歳未満）であって，身体障害者福祉法第 15 条第 4 項の規定により，身体障害者手帳の交付を受けたもの」である。

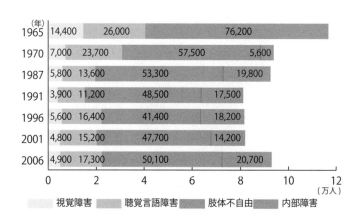

（厚生労働省「身体障害児・者実態調査」2006〈平 18〉）

10 － 1005　障害の種類別にみた身体障害児（在宅）

身体障害の種類は，①視覚障害，②聴覚障害・平衡機能障害，③音声・言語そしゃく障害，④肢体不自由，⑤内部障害（心臓・腎臓・呼吸器・膀胱・大腸・小腸・免疫等）の５種類に大別される。

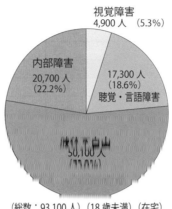

（総数：93,100 人）（18 歳未満）（在宅）

（厚生労働省「身体障害児・者実態調査」2006〈平 18〉）

10 － 1006　障害の組み合わせ別にみた重複障害の状況（身体障害児）

重複障害のある身体障害児のうち，肢体不自由と内部障害をもつ子どもは３割で，３種類以上の重複障害をもつ子どもは３割である。

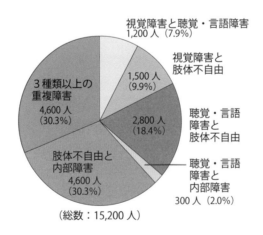

（総数：15,200 人）

（厚生労働省「身体障害児・者実態調査」2006〈平 18〉）

10 − 1007　障害の種類別・障害の原因別にみた身体障害児数

身体障害の主な原因では，出生時の損傷によるものが 20% 弱，疾病によるものが約 10% で，事故によるものは約 3% であるが，原因不明や不詳のものも多い。

(厚生労働省「身体障害児・者実態調査」2006〈平 18〉)

10 − 1008　全国の知的障害児・者数

知的障害は，かつて福祉行政のなかで精神薄弱と呼ばれていた。知的障害児・者の法律上の定義は設けられていないが，厚生労働省の「知的障害児（者）基礎調査」にはおおよその定義がある。

（総数：547,000 人）

(厚生労働省「知的障害児（者）基礎調査」2005〈平 17〉)

10 − 1009 障害の程度別にみた知的障害児・者数

厚生労働省の定義によれば，「知的機能の障害が発達期（おおむね 18 歳まで）にあらわれ，日常生活に支障が生じているため，何らかの特別な援助を必要とする状態にあるもの」とされている。

	総　数	最重度	重　度	中　度	軽　度	不　詳
総　数	419,000 (100.0)	62,400 (14.9)	102,200 (24.4)	106,700 (25.5)	97,500 (23.3)	50,100 (12.0)
知的障害児 (18 歳未満)	117,300 (100.0)	22,000 (18.8)	28,100 (23.9)	26,200 (22.4)	33,300 (28.4)	7,700 (6.5)
知的障害者 (18 歳以上)	289,600 (100.0)	39,800 (11.7)	73,700 (25.4)	78,700 (27.2)	63,000 (21.8)	34,300 (11.4)
不　詳	12,100 (100.0)	600 (5.0)	400 (3.3)	1,800 (15.0)	1,200 (10.0)	8,100 (66.9)

（厚生労働省「知的障害児（者）基礎調査」2005〈平 17〉）

10 − 1010 障害児・者施策の動向

わが国の障害児・者に関する施策は 1981 年の「国際障害者年」を契機に急速に発展した。いくつかの中長期的な取り組みを経て，2013 年から 2017 年には「第 3 次障害者基本計画」が実施された。

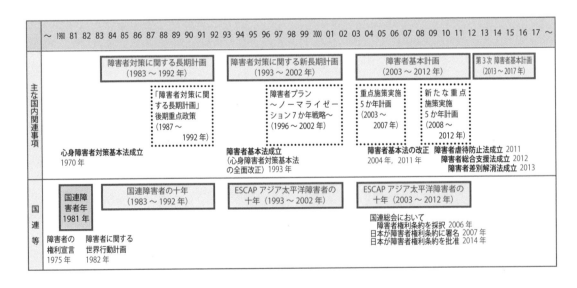

（内閣府「障害者白書」2016〈平 28〉より抜粋・加筆）

10 － 1011　障害児施設・事業の一元化イメージ

障害児支援の強化を図るため，2012 年より改正児童福祉法や改正障害者自立支援法が施行され，障害児施設・事業が一元化された。

【障害者自立支援法】　（市町村）

重症心身障害児施設（医）　　　　（医）とあるのは医療の提供を行っているもの

（厚生労働省「児童福祉法の一部改正の概要について」2012〈平 24〉）

10 － 1012　主な発達障害の定義

「発達障害者支援法」は，発達障害のある人の生活全般にわたる支援と福祉の増進を目的にしたものである。発達障害のある人への支援体制が整備されるとともに，障害の概念も拡大された。

自閉症の定義〈Autistic Disorder〉	自閉症とは 3 歳位までに現れ，（1）他人との社会的関係の形成の困難さ，（2）言葉の発達の遅れ，（3）興味や関心が狭く特定のものにこだわることを特徴とする行動の障害であり，中枢神経系に何らかの要因による機能不全があると推定される。
高機能自閉症の定義〈High‐Functioning Autism〉	高機能自閉症とは，3 歳位までに現れ，（1）他人との社会的関係の形成の困難さ，（2）言葉の発達の遅れ，（3）興味や関心が狭く特定のものにこだわることを特徴とする行動の障害である自閉症のうち，知的発達の遅れを伴わないものをいう。また，中枢神経系に何らかの要因による機能不全があると推定される。
アスペルガー症候群〈Asperger Syndrome〉	アスペルガー症候群とは，知的発達の遅れを伴わず，かつ自閉症の特徴のうち言葉の発達の遅れを伴わないものである。なお，高機能自閉症やアスペルガー症候群は，広汎性発達障害に分類されるものである。
学習障害（LD）の定義〈Learning Disabilities〉	学習障害とは，基本的には全般的な知的発達に遅れはないが，聞く，話す，読む，書く，計算する又は推論する能力のうち特定のものの習得と使用に著しい困難を示す様々な状態を指すものである。学習障害は，その原因として，中枢神経系に何らかの機能障害があると推定されるが，視覚障害，聴覚障害，知的障害，情緒障害などの障害や，環境的な要因が直接の原因となるものではない。
注意欠陥多動性障害（ADHD）の定義〈Attention‐Deficit/Hyperactivity Disorder〉	注意欠陥多動性障害とは，年齢あるいは発達に不釣り合いな注意力，及び／又は衝動性，多動性を特徴とする行動の障害で，社会的な活動や学業の機能に支障をきたすものである。また，7 歳以前に現れ，その状態が継続し，中枢神経系に何らかの要因による機能不全があると推定される。

（文部科学省「主な発達障害の定義について」）

10 － 1013 　障害児保育の実施状況の推移

現在，障害が中程度の子どもの受け入れは，全国の保育所で広く実施されるようになっている。放課後児童健全育成事業（放課後児童クラブ）でも，障害児の受け入れが推進されている。

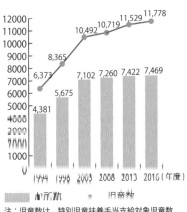

注：児童数は，特別児童扶養手当支給対象児童数

（内閣府「障害者白書」2018〈平 30〉）

---

10 － 1014 　特別支援教育の対象の概念図（義務教育段階）

2006 年に学校教育法が改正され，障害のある子ども一人ひとりの教育的ニーズに応じて適切な指導及び必要な支援を行うという理念のもとで，特別支援教育制度に転換された。

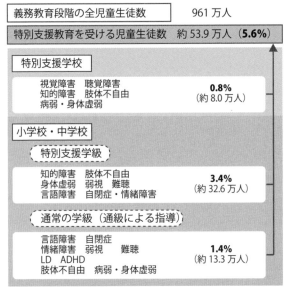

※通級による指導を受ける児童生徒数は，2019 年 5 月 1 日現在の数（出典：通級による
　指導実施状況に関する調査）。その他は 2021 年 5 月 1 日現在の数（出典：学校基本統計）。

（内閣府「障害者白書」2022〈令 4〉）

いまだに障害のある人々に対する無理解や偏見，差別は存在しており，共生社会に向けた施策も緒
についたばかりであるが，障害者の完全参加と平等の実現を目指していかなければならない。

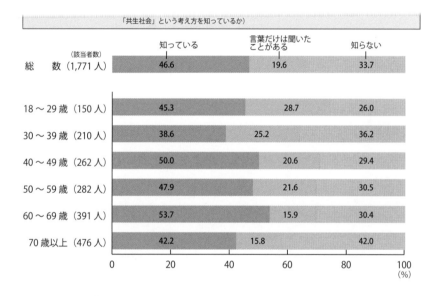

（内閣府「障害者に関する世論調査」2017〈平 29〉）

11 － 1101　子どもたちの通学風景

子どもの遊び場といえば，かつては家の前や路地端であった。仲間が集まるとスペースのある公園や空き地に移動した。そうしたかつての遊び場も今やクルマに占領されてしまったのである。

小栗幸夫『脱・スピード社会』清文社　2009

クルマ社会を問い直す会「アンケートにみるクルマ社会と子ども」2004

11 － 1102　児童館

児童館は，地域の子どもたちが遊びやスポーツ，文化活動などを通して，健康で豊かな情操を育むことを目的とした施設である。

児童館（東京都）

児童館（相模原市）

11 － 1103　児童遊園

児童遊園は，幼児や小学校低学年の児童に屋外遊びの場を与えることを目的としたものであるが，都市公園法が定める児童公園とともに重要な子どもの健全育成の場となっている。

11 － 1104　放課後児童クラブ

放課後児童クラブ（放課後児童健全育成事業）とは，労働などで保護者が昼間家庭にいない小学生に対し，放課後や学校休業日に生活や遊びの場を提供するしくみである。

放課後児童クラブ（東京都）

11 ― 1105　冒険遊び場（プレーパーク）

冒険遊び場は，児童福祉法によって定められた施設ではなく，住民（NPO）と自治体が連携して設置，運営している子どもの遊び場である。

「銀河の森プレイパーク」（相模原市）

11 － 1106　オランダと日本の交通法規

オランダのボンネルフ（生活の庭）指定地域では，一般道路と異なる交通法規が採用されており，道路は子どもたちが遊んだり，住民が休憩したり，語り合いのできる空間となっている。

　　　　　　　　　　　かり，又は立ちどまっていること。
　　3．交通のひんぱんな道路において，球戯をし，ローラー・スケートをし，
　　　　又はこれらに類する行為をすること。

（「子どもにやさしい場所」International
Institute for the Urban Environment ：オランダ
（http://urban.nl/en）より）

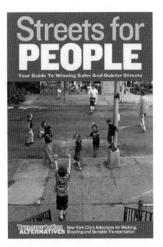

（「人々のための道路（2004）」の表紙
Transportation Alternatives ：米国ニューヨーク市
（http://www.transalt.org/info/streets4people/）より）

サイン（ボンネルフ）

12 － 1201　児童福祉施設等の従事者（常勤換算）

児童福祉施設には，「児童福祉施設の設備及び運営に関する基準」に定められた職種をはじめとして，さまざまな専門職が配置されている。

	保育所，地域型保育事業所を除く児童福祉施設等 1)	保育所等 2)	地域型保育事業所 2)
従事者総数	87,622 (人)	691,834 (人)	56,429 (人)
施設長・園長・管理者	4,530	28,892	5,827
生活指導・支援員等 3)	14,996	…	…
職業・作業指導員	501	…	…
セラピスト	3,500		
医師・嘱託医師	1,327	1,245	166
保健師・助産師・看護師	11,557	12,631	300
保育士	12,240	302,375	2,091
保育補助者	…	20,408	91
保育教諭 4)	…	118,519	4
保育従事者 5)	…	…	33,604
家庭的保育者	…	…	1,327
家庭的保育補助者 7)	…	…	779
居宅訪問型保育者 5)	…	…	112
児童生活支援員 5)	641	…	…
児童厚生員	10,857	…	…
母子支援員	706	…	…
栄養士	1,545	23,499	1,934
調理員	4,062	53,615	4,069
事務員	3,938	17,098	1,054
児童発達支援管理責任者	1,238	…	…
その他の教諭 6)	…	4,901	…
その他の職員 7)	9,166	24,961	4,696

注：調査した職種以外は「…」
1) 保護施設には医療保護施設，老人福祉施設には老人福祉センター（特A型，A型，B型），児童福祉施設等（保育所等・地域型保育事業所を除く）には助産施設，児童家庭支援センター，小型児童館，児童センター，大型児童館A型，大型児童館B型，大型児童館C型，その他の児童館及び児童遊園をそれぞれ含まない。
2) 保育所等は，幼保連携型認定こども園，保育所型認定こども園及び保育所，地域型保育事業所は小規模保育事業所A型，小規模保育事業所B型，小規模保育事業所C型，家庭的保育事業所，居宅訪問型保育事業所及び事業所内保育事業所である。
3) 生活指導・支援員等には，生活指導員，生活相談員，生活支援員，児童指導員及び児童自立支援専門員を含むが，保護施設及び婦人保護施設は生活指導員のみである。
4) 保育教諭には主幹保育教諭，指導保育教諭，助保育教諭及び講師を含む。また，就学前の子どもに関する教育，保育等の総合的な提供の推進に関する法律の一部を改正する法律（平成24年法律第66号）附則にある保育教諭等の資格の特例のため，保育士資格を有さない者を含む。
5) 保育従事者，家庭的保育者，家庭的保育補助者及び居宅訪問型保育者は地域型保育事業所の従事者である。なお，保育士資格を有さない者を含む。
6) その他の教諭は，就学前の子どもに関する教育，保育等の総合的な提供の推進に関する法律（平成18年法律第77号）第14条に基づき採用されている，園長及び保育教諭（主幹保育教諭，指導保育教諭，助保育教諭及び講師を含む）以外の教諭である。
7) その他の職員には，幼保連携型認定こども園の教育・保育補助員及び養護職員（看護師等を除く）を含む。

（厚生労働省「社会福祉施設等調査の概況」2020〈令2〉より作成）

13 － 1301　世界の国の基本統計

後進開発途上国では，子どもを多く産んでも死亡する率が高く，また一人あたりの所得は先進 7 か国の 50 分の 1 以下であり，人間の寿命と貧困が関連していることがわかる。

（ユニセフ「世界子供白書」2021）

13 － 1302　新生児・乳児・5 歳未満児の死亡率

子どもたちは健康に生まれ，安全な水や十分な栄養を得て健やかに成長する権利を持っているが，後進開発途上国では, 5 歳未満の子ども 100 人のうち 7 人以上の子どもが死亡していることになる。

生　　存	世　界	後発 開発途上国	日　本
新生児死亡率 （28 日未満 / 出生 1000 人あたり）	17	26	1
乳児死亡率 （1 年未満 / 出生 1000 人あたり）	28	45	2
5 歳未満児の死亡率 （出生 1000 人あたり）	38	63	2

(2019)

（ユニセフ「世界子供白書」2021）

13 － 1303　武力抗争している国の5歳未満の死亡率

紛争下の子どもや少数民族の子どもなどは，特に守られなければならない権利を持つが，大規模な
武力紛争による犠牲者の多くは，開発途上国・後進開発途上国に暮らす子どもたちである。

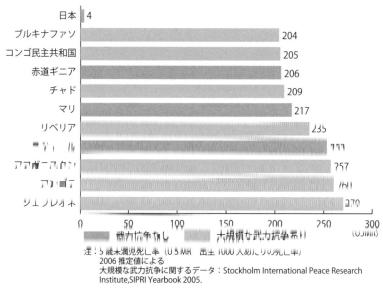

注：5歳未満児死亡率（U5MR：出生1000人あたりの死亡率）
　　2006推定値による
　　大規模な武力抗争に関するデータ：Stockholm International Peace Research
　　Institute,SIPRI Yearbook 2005.

（ユニセフ「世界子供白書」2008）

13 － 1304　エイズで親を失った子どもたち

家族の生活を支えている親がエイズに感染してしまうと，病気の深刻化に伴い仕事ができなくなる
ことで経済的に困窮し，子どもは学校へ通えなくなり，医療的ケアも利用できなくなる。

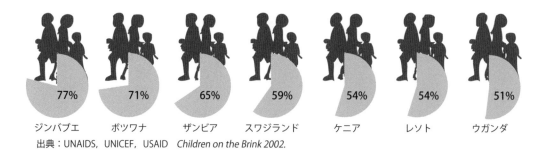

出典：UNAIDS, UNICEF, USAID *Children on the Brink 2002.*

エイズで親の一方または両方を失った子ども　（0～14歳）の割合が50%を超える国（2001年）

（ユニセフ「世界子供白書」2003）

13 − 1305　HIV／エイズの影響を受ける子どもと家族が直面する課題

子どもが大人のケアを受けられなくなることで，児童労働や性的搾取，路上生活等の事態に追い込まれ，エイズに感染しやすい環境に陥ってしまう悪循環を断ち切るための対策が急がれる。

HIV 感染

感染しやすくなる

出典：Williamson.J.,*A Family is for Life*(draft).USAID and the Synergy Project.Washington.D.C.,2004.

（ユニセフ「世界子供白書」2008）

13 − 1306　児童労働に従事している子ども

ユニセフの『世界子供白書』によれば，2009 ～ 2015 年に最悪の形態の労働に従事した子どもの割合は，以前に比べ改善されてきているものの，後進開発途上国で 24% を占めている。

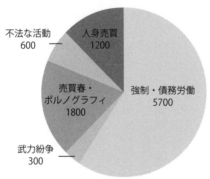

不法な活動
600

人身売買
1200

売買春・
ポルノグラフィ
1800

強制・債務労働
5700

武力紛争
300

（単位：1000 人，2000 年）

無条件に最悪な形態の児童労働：ILOILO182 号条約３条に掲げられた形態の
労働に対応したもの。

出典 :International labour Organization.Every Child Counts:New global
estimates on child labour. ILO International Programme on the
Elimination of Child Labour,Statistical Information and Monitoring
Programme on Child Labour.April 2002

（ユニセフ「世界子供白書」2008）

13 － 1307　後進開発途上国で教育をうける率

子どもはだれもが教育を受ける権利を持っている。ところが，後進開発途上国で生きる4分の1
の子どもたちは，初等・中等教育を受ける機会を失っているのである。

	世　界	後発 開発途上国
小学校の第1学年に入学した 生徒が第5学年に在学する率	75	54
初等教育純出席率　　男　性	85	73
女　性	83	71
中等教育純出席率　　男　性	62	37
女　性	50	26

注）2010 〜 2014 年の間に入手できた最新のデータが示されている。　(%)

（ユニセフ「世界子供白書」2016）

13 － 1308　子どもは家庭内の意思決定にどのぐらい参加しているか

ヨーロッパやオーストラリアと比較してアジアや東欧諸国では「相談される」割合が低く，家族に
問題が起こった場合，子どもは家族の意思決定の外に置かれていることがわかる。

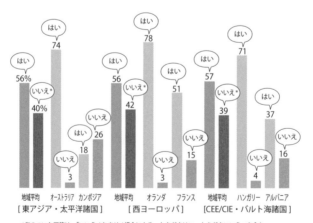

*印のついた回答は，「いいえ / あまり / 場合による，ときどきはい，ときどきいいえ」を含む。
「家庭で何かを決める前に相談されていますか」という質問に対する，9〜18歳の子どもたちの回答
（地域平均および一部の国の例）

（ユニセフ「世界子供白書」2008）

●子どもの権利に関する条約

前文

　この条約の締約国は,

関連した子どもの保護および福祉についての社会的および法的原則に関する宣言, 少年司法運営のための国際連合最

　国際連合が, 世界人権宣言において, 子ども時代は特別のケアおよび援助を受ける資格のあることを宣明したことを想起し,

　家族が, 社会の基礎的集団として, ならびにそのすべての構成員とくに子どもの成長および福祉のための自然的環境として, その責任を地域社会において十分に果たすことができるように必要な保護および援助が与えられるべきであることを確信し,

　子どもが, 人格の全面的かつ調和のとれた発達のために, 家庭環境の下で, 幸福, 愛情および理解のある雰囲気の中で成長すべきであることを認め,

　子どもが, 十分に社会の中で個人としての生活を送れるようにすべきであり, かつ, 国際連合憲章に宣明された理想の精神の下で, ならびにとくに平和, 尊厳, 寛容, 自由, 平等および連帯の精神の下で育てられるべきであることを考慮し,

　子どもに特別なケアを及ぼす必要性が, 1924 年のジュネーブ子どもの権利宣言および国際連合総会が 1959 年 11 月 20 日に採択した子どもの権利宣言に述べられており, かつ, 世界人権宣言, 市民的及び政治的権利に関する国際規約 (とくに第 23 条および第 24 条), 経済的, 社会的及び文化的権利に関する国際的規約 (とくに第 10 条), ならびに子どもの福祉に関係ある専門機関および国際機関の規程および関連文書において認められていることに留意し,

　子どもの権利宣言において示されたように, 「子どもは, 身体的および精神的に未成熟であるため, 出生前後に, 適当な法的保護を含む特別の保護およびケアを必要とする」ことに留意し,

　国内的および国際的な里親託置および養子縁組にとくに

この条約の適用上, 子どもとは, 18 歳未満のすべての者をいう。ただし, 子どもに適用される法律の下でより早く成年に達する場合は, この限りでない。

第 2 条 (差別の禁止)

1　締約国は, その管轄内にある子ども一人一人に対して, 子どもまたは親もしくは法定保護者の人種, 皮膚の色, 性, 言語, 宗教, 政治的意見その他の意見, 国民的, 民族的もしくは社会的出身, 財産, 障害, 出生またはその他の地位にかかわらず, いかなる種類の差別もなしに, この条約に掲げる権利を尊重しかつ確保する。

2　締約国は, 子どもが, 親, 法定保護者または家族構成員の地位, 活動, 表明した意見または信条を根拠とするあらゆる形態の差別または処罰からも保護されることを確保するためにあらゆる適当な措置をとる。

第 3 条 (子どもの最善の利益)

1　子どもにかかわるすべての活動において, その活動が公的もしくは私的な社会福祉機関, 裁判所, 行政機関または立法機関によってなされたかどうかにかかわらず, 子どもの最善の利益が第一次的に考慮される。

2　締約国は, 親, 法定保護者または子どもに法的な責任を負う他の者の権利および義務を考慮しつつ, 子どもに対してその福祉に必要な保護およびケアを確保することを約束し, この目的のために, あらゆる適当な立法上および行政上の措置をとる。

3　締約国は, 子どものケアまたは保護に責任を負う機関, サービスおよび施設が, とくに安全および健康の領域, 職員の数および適格性ならびに適正な監督について, 権限ある機関により設定された基準に従うことを確保する。

第 4 条 (締約国の実施義務)

締約国は，この条約において認められる権利の実施のためのあらゆる適当な立法上，行政上およびその他の措置をとる。経済的，社会的および文化的権利に関して，締約国は，自国の利用可能な手段を最大限に用いることにより，および必要な場合には，国際協力の枠組の中でこれらの措置をとる。

第5条（親の指導の尊重）

締約国は，親，または適当な場合には，地方的慣習で定められている拡大家族もしくは共同体の構成員，法定保護者もしくは子どもに法的な責任を負う他の者が，この条約において認められる権利を子どもが行使するにあたって，子どもの能力の発達と一致する方法で適当な指示および指導を行う責任，権利および義務を尊重する。

第6条（生命への権利，生存・発達の確保）

1 締約国は，すべての子どもが生命への固有の権利を有することを認める。

2 締約国は，子どもの生存および発達を可能なかぎり最大限に確保する。

第7条（名前・国籍を得る権利，親を知り養育される権利）

1 子どもは，出生の後直ちに登録される。子どもは，出生の後直ちに名前を持つ権利および国籍を取得する権利を有し，かつ，できるかぎりその親を知る権利および親によって養育される権利を有する。

2 締約国は，とくに何らかの措置をとらなければ子どもが無国籍になる場合には，国内法および当該分野の関連する国際文書に基づく自国の義務に従い，これらの権利の実施を確保する。

第8条（アイデンティティの保全）

1 締約国は，子どもが，不法な干渉なしに，法によって認められた国籍，名前および家族関係を含むそのアイデンティティを保全する権利を尊重することを約束する。

2 締約国は，子どもがそのアイデンティティの要素の一部または全部を違法に剥奪される場合には，迅速にそのアイデンティティを回復させるために適当な援助および保護を与える。

第9条（親からの分離のための手続）

1 締約国は，子どもが親の意思に反して親から分離されないことを確保する。ただし，権限ある機関が司法審査に服することを条件として，適用可能な法律および手続に従い，このような分離が子どもの最善の利益のために必要であると決定する場合は，この限りでない。当該決定は，親によって子どもが虐待もしくは放任される場合，または親が別れて生活し，子どもの居所が決定されなければならない場合などに特別に必要となる。

2 1に基づくいかなる手続においても，すべての利害関係者は，当該手続に参加し，かつ自己の見解を周知させる機会が与えられる。

3 締約国は，親の一方または双方から分離されている子どもが，子どもの最善の利益に反しないかぎり，定期的に親双方との個人的な関係および直接の接触を保つ権利

を尊重する。

4 このような分離が，親の一方もしくは双方または子どもの抑留，拘禁，流刑，追放または死亡（国家による拘束中に何らかの理由から生じた死亡も含む）など締約国によってとられた行為から生じる場合には，締約国は，申請に基づいて，親，子ども，または適当な場合には家族の他の構成員に対して，家族の不在者の所在に関する不可欠な情報を提供する。ただし情報の提供が子どもの福祉を害する場合は，この限りではない。締約国は，さらに，当該申請の提出自体が関係者にいかなる不利な結果ももたらさないことを確保する。

第10条（家族の再会のための出入国）

1 家族再会を目的とする子どもまたは親の出入国の申請は，第9条1に基づく締約国の義務に従い，締約国によって積極的，人道的かつ迅速な方法で取り扱われる。締約国は，さらに，当該申請の提出が申請者および家族の構成員にいかなる不利な結果ももたらさないことを確保する。

2 異なる国々に居住する親をもつ子どもは，例外的な状況を除き，定期的に親双方との個人的な関係および直接的接触を保つ権利を有する。かかる目的のため，かつ第9条1に基づく締約国の義務に従い，子どもおよび親が自国を含むいずれの国からも離れ，自国へ戻る権利を尊重する。いずれの国からも離れる権利は，法律で定める制限であって，国の安全，公の秩序，公衆の健康もしくは道徳，または他の者の権利および自由の保護のために必要とされ，かつこの条約において認められる他の権利と抵触しない制限のみに服する。

第11条（国外不法移送・不返還の防止）

1 締約国は，子どもの国外不法移送および不返還と闘うための措置をとる。

2 この目的のため，締約国は，二国間もしくは多数国間の協定の締結または現行の協定への加入を促進する。

第12条（意見表明権）

1 締約国は，自己の見解をまとめる力のある子どもに対して，その子どもに影響を与えるすべての事柄について自由に自己の見解を表明する権利を保障する。その際，子どもの見解が，その年齢および成熟に従い，正当に重視される。

2 この目的のため，子どもは，とくに，国内法の手続規則と一致する方法で，自己に影響を与えるいかなる司法的および行政的手続においても，直接にまたは代理人もしくは適当な団体を通じて聴聞される機会を与えられる。

第13条（表現・情報の自由）

1 子どもは表現の自由への権利を有する。この権利は，国境にかかわりなく，口頭，手書きもしくは印刷，芸術の形態または子どもが選択する他のあらゆる方法により，あらゆる種類の情報および考えを求め，受け，かつ伝える自由を含む。

2　この権利の行使については，一定の制限を課すること
　ができる。ただし，その制限は，法律によって定められ，
　かつ次の目的のために必要とされるものに限る。
　　(a)　他の者の権利または信用の尊重
　　(b)　国の安全，公の秩序または公衆の健康もしくは道徳
　　　　の保護
第14条（思想・良心・宗教の自由）

　　　　　自由　　の権利を認める。
2　これらの権利の行使については，法律に従って課され
　る制限であって，国の安全もしくは公共の安全，公の秩
　序，公衆の健康もしくは道徳の保護，または他の者の権
　利および自由の保護のために民主的社会において必要な
　もの以外のいかなる制限も課することができない。
第16条（プライバシィ・通信・名誉の保護）
1　いかなる子どもも，プライバシィ，家族，住居または
　通信を恣意的にまたは不法に干渉されず，かつ，名誉お
　よび信用を不法に攻撃されない。
2　子どもは，このような干渉または攻撃に対する法律の
　保護を受ける権利を有する。
第17条（適切な情報へのアクセス）
　締約国は，マスメディアの果たす重要な機能を認め，か
つ，子どもが多様な国内的および国際的な情報源からの情
報および資料，とくに自己の社会的，精神的および道徳的
福祉ならびに心身の健康の促進を目的とした情報および資
料へアクセスすることを確保する。この目的のため，締約
国は，次のことをする。
　(a)　マスメディアが，子どもにとって社会的および文化
　　　的利益があり，かつ第29条の精神と合致する情報
　　　および資料を普及する事を奨励すること。
　(b)　多様な文化的，国内的および国際的な情報源からの
　　　当該情報および資料の作成，交換および普及につい
　　　て国際協力を奨励すること。
　(c)　子ども用図書の製作および普及を奨励すること。
　(d)　マスメディアが，少数者集団に属する子どもまたは
　　　先住民である子どもの言語上のニーズをとくに配慮
　　　することを奨励すること。
　(e)　第13条および第18条の諸条項に留意し，子ども

の福祉に有害な情報および資料から子どもを保護す
るための適当な指針の発展を奨励すること。
第18条（親の第一次的養育責任と国の援助）
1　締約国は，親双方が子どもの養育および発達に対する
　共通の責任を有するという原則の承認を確保するために
　最善の努力を払う。親または場合によって法定保護者
　は　子どもの養育および発達に対する第一次　の責任　し

は怠慢な取扱い，性的虐待を含む不当な取扱いまたは搾
取から子どもを保護するためにあらゆる適当な立法上，
行政上，社会上および教育上の措置をとる。
2　当該保護措置は，適当な場合には，子どもおよび子ど
　もの養育をする者に必要な援助を与える社会計画の確
　立，およびその他の形態の予防のための効果的な手続，
　ならびに上記の子どもの不当な取扱いについての事件の
　発見，報告，付託，調査，処置および追跡調査のため，
　および適当な場合には，司法的関与のための効果的な手
　続を含む。
第20条（家庭環境を奪われた子どもの保護）
1　一時的にもしくは恒常的に家庭環境を奪われた子ど
　も，または，子どもの最善の利益に従えばその環境にと
　どまることが容認されえない子どもは，国によって与え
　られる特別な保護および援助を受ける資格を有する。
2　締約国は，国内法に従い，このような子どものための
　代替的養護を確保する。
3　当該養護には，とりわけ，里親託置，イスラム法のカ
　ファラ，養子縁組，または必要な場合には子どもの養護
　に適した施設での措置を含むことができる。解決策を検
　討するときには，子どもの養育に継続性が望まれること
　について，ならびに子どもの民族的，宗教的，文化的お
　よび言語的背景について正当な考慮を払う。
第21条（養子縁組）
　養子縁組の制度を承認および（または）許容している締
約国は，子どもの最善の利益が最高の考慮事項であること
を確保し，次のことをする。
　(a)　子どもの養子縁組が権限ある機関によってのみ認可
　　　されることを確保すること。当該機関は，適用可能
　　　な法律および手続に従い，関連がありかつ信頼でき

るあらゆる情報に基づき，養子縁組が親，親族および法定保護者とかかわる子どもの地位に鑑みて許容されることを決定する。必要があれば，当該養子縁組の関係者が，必要とされるカウンセリングに基づき，養子縁組に対して情報を得た上での同意を与えることを確保すること。

(b) 国際養子縁組は，子どもが里親家族もしくは養親家族に託置されることができない場合，または子どもがいかなる適切な方法によってもその出身国において養護されることができない場合には，子どもの養護の代替的手段とみなすことができることを認めること。

(c) 国際養子縁組された子どもが，国内養子縁組に関して存在しているのと同等の保護および基準を享受することを確保すること。

(d) 国際養子縁組において，当該託置が関与する者の金銭上の不当な利得とならないことを確保するためにあらゆる適当な措置をとること。

(e) 適当な場合には，二国間または多数国間の取決めまたは協定を締結することなどによってこの条の目的を促進し，かつ，この枠組の中で，子どもの他国への当該託置が権限ある機関または組織によって実行されることを確保するよう努力すること。

第22条（難民の子どもの保護・援助）

1　締約国は，難民の地位を得ようとする子ども，または，適用可能な国際法および国際手続または国内法および国内手続に従って難民とみなされる子どもが，親または他の者の同伴の有無にかかわらず，この条約および自国が締約国となっている他の国際人権文書または国際人道文書に掲げられた適用可能な権利を享受するにあたって，適当な保護および人道的な援助を受けることを確保するために適当な措置をとる。

2　この目的のため，締約国は，適当と認める場合，国際連合および他の権限ある政府間組織または国際連合と協力関係にある非政府組織が，このような子どもを保護しかつ援助するためのいかなる努力にも，および，家族との再会に必要な情報を得るために難民たる子どもの親または家族の他の構成員を追跡するためのいかなる努力にも，協力をする。親または家族の他の構成員を見つけることができない場合には，子どもは，何らかの理由により恒常的にまたは一時的に家庭環境を奪われた子どもと同一の，この条約に掲げられた保護が与えられる。

第23条（障害児の権利）

1　締約国は，精神的または身体的に障害をもつ子どもが，尊厳を確保し，自立を促進し，かつ地域社会への積極的な参加を助長する条件の下で，十分かつ人間に値する生活を享受すべきであることを認める。

2　締約国は，障害児の特別なケアへの権利を認め，かつ，利用可能な手段の下で，援助を受ける資格のある子どもおよびその養育に責任を負う者に対して，申請に基づく援助であって，子どもの条件および親または子どもを養育する他の者の状況に適した援助の拡充を奨励しかつ確保する。

3　障害児の特別なニーズを認め，2に従い拡充された援助は，親または子どもを養育する他の者の財源を考慮しつつ，可能な場合にはいつでも無償で与えられる。その援助は，障害児が可能なかぎり全面的な社会的統合ならびに文化的および精神的発達を含む個人の発達を達成することに貢献する方法で，教育，訓練，保健サービス，リハビリテーションサービス，雇用準備およびレクリエーションの機会に効果的にアクセスしかつそれらを享受することを確保することを目的とする。

4　締約国は，国際協力の精神の下で，障害児の予防保健ならびに医学的，心理学的および機能的治療の分野における適当な情報交換を促進する。その中には，締約国が当該分野においてその能力および技術を向上させ，かつ社会も拡充することを可能にするため，リハビリテーション教育および職業上のサービスの方法に関する情報の普及およびそれへのアクセスが含まれる。この点については，発展途上国のニーズに特別な考慮を払う。

第24条（健康・医療への権利）

1　締約国は，到達可能な最高水準の健康の享受ならびに疾病の治療およびリハビリテーションのための便宜に対する子どもの権利を認める。締約国は，いかなる子どもも当該保健サービスへアクセスする権利を奪われないことを確保するよう努める。

2　締約国は，この権利の完全な実施を追求し，とくに次の適当な措置をとる。

(a) 乳幼児および子どもの死亡率を低下させること。

(b) 基礎保健の発展に重点をおいて，すべての子どもに対して必要な医療上の援助および保健を与えることを確保すること。

(c) 環境汚染の危険およびおそれを考慮しつつ，とりわけ，直ちに利用可能な技術を適用し，かつ十分な栄養価のある食事および清潔な飲料水を供給することにより，基礎保健の枠組の中で疾病および栄養不良と闘うこと。

(d) 母親のための出産前後の適当な保健を確保すること。

(e) 社会のあらゆる構成員とくに親および子どもが，子どもの健康および栄養，母乳育児の利点，衛生および環境衛生，ならびに事故の防止についての基礎的な知識を活用するにあたって，情報が提供され，教育にアクセスし，かつ援助されることを確保すること。

(f) 予防保健，親に対する指導，ならびに家庭計画の教育およびサービスを発展させること。

3　締約国は，子どもの健康に有害な伝統的慣行を廃止するために，あらゆる効果的でかつ適当な措置をとる。

4　締約国は，この条の認める権利の完全な実現を漸進的

に達成するために，国際協力を促進しかつ奨励すること
を約束する。この点については，発展途上国のニーズに
特別な考慮を払う。

第25条（医療施設等に措置された子どもの定期的審査）
　締約国は，身体的または精神的な健康のケア，保護また
は治療のために権限ある機関によって措置されている子ど
もが，自己になされた治療についておよび自己の措置に関

(d) 教育上および職業上の情報ならびに指導を，すべて
の子どもが利用可能でありかつアクセスできるもの
とすること。

(e) 学校への定期的な出席および中途退学率の減少を奨
励するための措置をとること。

2　締約国は，学校懲戒が子どもの人間の尊厳と一致する

…の権利を認める。

2　（両）親または子どもに責任を負う他の者は，その能
力および資力の範囲で，子どもの発達に必要な生活条件
を確保する第一次的な責任を負う。

3　締約国は，国内条件に従いかつ資源内において，この
権利の実施のために，親および子どもに責任を負う他の
者を援助するための適当な措置をとり，ならびに，必要
な場合にはとくに栄養，衣服および住居に関して物的援
助を行い，かつ援助計画を立てる。

4　締約国は，親または子どもに財政的な責任を有してい
る他の者から，自国内においてもおよび外国からでも子
どもの扶養料を回復することを確保するためにあらゆる
適当な措置をとる。とくに，子どもに財政的な責任を有
している者が子どもと異なる国に居住している場合に
は，締約国は，国際協定への加入または締結ならびに他
の適当な取決めの作成を促進する。

第28条（教育への権利）
1　締約国は，子どもの教育への権利を認め，かつ，漸進
的におよび平等な機会に基づいてこの権利を達成するた
めに，とくに次のことをする。

(a) 初等教育を義務的なものとし，かつすべての者に対
して無償とすること。

(b) 一般教育および職業教育を含む種々の形態の中等教
育の発展を奨励し，すべての子どもが利用可能であ
りかつアクセスできるようにし，ならびに，無償教
育の導入および必要な場合には財政的援助の提供な
どの適当な措置をとること。

(c) 高等教育を，すべての適当な方法により，能力に基
づいてすべての者がアクセスできるものとするこ
と。

に定める諸原則の尊重を発展させること。

(c) 子どもの親，子ども自身の文化的アイデンティティ，
言語および価値の尊重，子どもが居住している国お
よび子どもの出身国の国民的価値の尊重，ならびに
自己の文明と異なる文明の尊重を発展させること。

(d) すべての諸人民間，民族的，国民的および宗教的集
団ならびに先住民間の理解，平和，寛容，性の平等
および友好の精神の下で，子どもが自由な社会にお
いて責任ある生活を送れるようにすること。

(e) 自然環境の尊重を発展させること。

2　この条または第28条のいかなる規定も，個人および
団体が教育機関を設置しかつ管理する自由を妨げるもの
と解してはならない。ただし，つねに，この条の1に
定める原則が遵守されること，および当該教育機関にお
いて行われる教育が国によって定められる最低限度の基
準に適合することを条件とする。

第30条（少数者・先住民の子どもの権利）
　民族上，宗教上もしくは言語上の少数者，または先住民
が存在する国においては，当該少数者または先住民に属す
る子どもは，自己の集団の他の構成員とともに，己の文化
を享受し，自己の宗教を信仰しかつ実践し，または自己の
言語を使用する権利を否定されない。

第31条（休息・余暇，遊び，文化的・芸術的生活への参加）
1　締約国は，子どもが，休息しかつ余暇をもつ権利，そ
の年齢にふさわしい遊びおよびレクリエーション的活動
を行う権利，ならびに文化的生活および芸術に自由に参
加する権利を認める。

2　締約国は，子どもが文化的および芸術的生活に十分に
参加する権利を尊重しかつ促進し，ならびに，文化的，
芸術的，レクリエーション的および余暇的活動のための

適当かつ平等な機会の提供を奨励する。

第32条（経済的搾取・有害労働からの保護）

1　締約国は，子どもが，経済的搾取から保護される権利，および，危険があり，その教育を妨げ，あるいはその健康または身体的，心理的，精神的，道徳的もしくは社会的発達にとって有害となるおそれのあるいかなる労働に就くことからも保護される権利を認める。

2　締約国は，この条の実施を確保するための立法上，行政上，社会上および教育上の措置をとる。
　　締約国は，この目的のため，他の国際文書の関連条項に留意しつつ，とくに次のことをする。

　(a)　最低就業年齢を規定すること。

　(b)　雇用時間および雇用条件についての適当な規則を定めること。

　(c)　この条の効果的な実施を確保するための適当な罰則または他の制裁措置を規定すること。

第33条（麻薬・向精神薬からの保護）

　締約国は，関連する国際条約に示された麻薬および向精神薬の不法な使用から子どもを保護し，かつこのような物質の不法な生産および取引に子どもが使用されないように，立法上，行政上，社会上および教育上の措置を含むあらゆる適当な措置をとる。

第34条（性的搾取・虐待からの保護）

　締約国は，あらゆる形態の性的搾取および性的虐待から子どもを保護することを約束する。これらの目的のため，締約国は，とくに次のことを防止するためのあらゆる適当な国内，二国間および多数国間の措置をとる。

　(a)　何らかの不法な性的行為に従事するよう子どもを勧誘または強制すること。

　(b)　売春または他の不法な性的業務に子どもを搾取的に使用すること。

　(c)　ポルノ的な実演または題材に子どもを搾取的に使用すること。

第35条（誘拐・売買・取引の防止）

　締約国は，いかなる目的またはいかなる形態を問わず，子どもの誘拐，売買または取引を防止するためにあらゆる適当な国内，二国間および多数国間の措置をとる。

第36条（他のあらゆる形態の搾取からの保護）

　締約国は，子どもの福祉のいずれかの側面にとって有害となる他のあらゆる形態の搾取から子どもを保護する。

第37条（死刑・拷問等の禁止，自由を奪われた子どもの適正な取り扱い）

　締約国は，次のことを確保する。

　(a)　いかなる子どもも，拷問または他の残虐な，非人道的なもしくは品位を傷つける取扱いもしくは刑罰を受けない。18歳未満の犯した犯罪に対して，死刑および釈放の可能性のない終身刑を科してはならない。

　(b)　いかなる子どももその自由を不法にまたは恣意的に奪われない。子どもの逮捕，抑留または拘禁は，法律に従うものとし，最後の手段として，かつ最も短い適当な期間でのみ用いられる。

　(c)　自由を奪われたすべての子どもは，人道的におよび人間の固有の尊厳を尊重して取扱われ，かつその年齢に基づくニーズを考慮した方法で取扱われる。とくに，自由を奪われたすべての子どもは，子どもの最善の利益に従えば成人から分離すべきでないと判断される場合を除き，成人から分離されるものとし，かつ，特別の事情のある場合を除き，通信および面会によって家族との接触を保つ権利を有する。

　(d)　自由を奪われたすべての子どもは，法的および他の適当な援助に速やかにアクセスする権利，ならびに，その自由の剥奪の合法性を裁判所または他の権限ある独立のかつ公平な機関において争い，かつ当該訴えについて首問権を速やかに受ける権利を有する。

第38条（武力紛争における子どもの保護）

1　締約国は，武力紛争において自国に適用可能な国際人道法の規則で子どもに関連するものを尊重し，かつその尊重を確保することを約束する。

2　締約国は，15歳に満たない者が敵対行為に直接参加しないことを確保するためにあらゆる可能な措置をとる。

3　締約国は，15歳に満たないいかなる者も軍隊に徴募することを差控える。締約国は，15歳に達しているが18歳に満たない者の中から徴募を行うにあたっては，最年長の者を優先するよう努める。

4　締約国は，武力紛争下における文民の保護のための国際人道法に基づく義務に従い，武力紛争の影響を受ける子どもの保護およびケアを確保するためにあらゆる可能な措置をとる。

第39条（犠牲になった子どもの心身の回復と社会復帰）

　締約国は，あらゆる形態の放任，搾取または虐待の犠牲になった子ども，拷問または他のあらゆる形態の残虐な，非人道的なもしくは品位を傷つける取扱いもしくは刑罰の犠牲になった子ども，あるいは，武力紛争の犠牲になった子どもが身体的および心理的回復ならびに社会復帰することを促進するためにあらゆる適当な措置をとる。当該回復および復帰は，子どもの健康，自尊心および尊厳を育くむ環境の中で行われる。

第40条（少年司法）

1　締約国は，刑法に違反したとして申し立てられ，罪を問われ，または認定された子どもが，尊厳および価値についての意識を促進するのにふさわしい方法で取扱われる権利を認める。当該方法は，他の者の人権および基本的自由の尊重を強化するものであり，ならびに，子どもの年齢，および子どもが社会復帰しかつ社会において建設的な役割を果たすことの促進が望ましいことを考慮するものである。

2　締約国は，この目的のため，国際文書の関連する条項に留意しつつ，とくに次のことを確保する。

(a) いかなる子どもも，実行の時に国内法または国際法によって禁止されていなかった作為または不作為を理由として，刑法に違反したとして申し立てられ，罪を問われ，または認定されてはならない。

(b) 法的に違反したとして申し立てられ，または罪を問われた子どもは，少なくとも次の保障をうける。

　i　法律に基づき有罪が立証されるまで無罪と推定さ

この条約のいかなる規定も，次のものに含まれる規定であって，子どもの権利の実現にいっそう貢献する規定に影響を及ぼすものではない。

(a) 締約国の法

(b) 締約国について効力を有する国際法

● 第 3 部 ●

　iv　証言を強制され，または自白を強制されないこと。自己に不利な証人を尋問し，または当該証人に尋問を受けさせること。平等な条件の下で自己のための証人の出席および尋問を求めること。

　v　刑法に違反したと見なされた場合には，この決定および決定の結果科される措置が，法律に基づき，上級の権限ある独立のかつ公平な機関または司法機関によって再審理されること。

　vi　子どもが使用される言語を理解することまたは話すことができない場合は，無料で通訳の援助を受けること。

　vii　手続のすべての段階において，プライバシィが十分に尊重されること。

3　締約国は，刑法に違反したとして申し立てられ，罪を問われ，また認定された子どもに対して特別に適用される法律，手続，機関および施設の確立を促進するよう努める。とくに次のことに努める。

(a) 刑法に違反する能力を有しないと推定される最低年齢を確立すること。

(b) 適当かつ望ましい時はつねに，人権および法的保障を十分に尊重することを条件として，このような子どもを司法的手続によらずに取扱う措置を確立すること。

4　ケア，指導および監督の命令，カウンセリング，保護観察，里親養護，教育および職業訓練のプログラムならびに施設内処遇に替わる他の代替的措置などの多様な処分は，子どもの福祉に適当で，かつ子どもの状況および罪のいずれにも見合う方法によって子どもが取扱われることを確保するために利用可能なものとする。

第 41 条（既存の権利の確保）

選出にあたっては，衡平な地理的配分ならびに主要な法体系に考慮を払う。

3　委員会の委員は，締約国により指名された者の名簿の中から秘密投票により選出される。各締約国は，自国民の中から一人の者を指名することができる。

4　委員会の委員の最初の選挙は，この条約の効力発生の日の後 6 箇月以内に行い，最初の選挙の後は 2 年ごとに行う。国際連合事務総長は，各選挙の日の遅くとも 4 箇月前までに，締約国に対し，自国が指名する者の氏名を 2 箇月以内に提出するよう書簡で要請する。同事務総長は，指名されたすべての者のアルファベット順による名簿（これらの者を指名した締約国名を表示した名簿とする）を作成し，締約国に送付する。

5　委員会の委員の選挙は，国際連合事務総長により国際連合本部に招集される締約国の会合にて行う。この会合は，締約国の 3 分の 2 をもって定足数とする。この会合においては，出席しかつ投票する締約国の代表によって投じられた票の最多数でかつ過半数の票を得た者をもって，委員会に選出された委員とする。

6　委員会の委員は，4 年の任期で選出される。委員は，再指名された場合には，再選される資格を有する。最初の選挙において選出された委員のうち 5 人の委員の任期は，2 年で終了する。これらの 5 人の委員は，最初の選挙の後直ちに，最初の選挙のための会合の議長によってくじ引きで選ばれる。

7　委員会の委員が死亡しもしくは辞任し，またはそれ以外の理由のため委員会の職務を遂行することができなくなったと申し出る場合には，当該委員を指名した締約国は，委員会の承認を条件として，残りの期間職務を遂行する他の専門家を自国民の中から任命する。

8　委員会は，手続規則を定める。

9　委員会は，役員を2年の任期で選出する。

10　委員会の会合は，原則として国際連合本部または委員会が決定する他の適当な場所において開催する。委員会は，原則として毎年会合する。委員会の会合の期間は，国際連合総会の承認を条件として，この条約の締約国の会合において決定され，必要があれば，再検討される。

11　国際連合事務総長は，委員会がこの条約に定める任務を効果的に遂行するために必要な職員および便益を提　供する。

12　この条約により設けられた委員会の委員は，国際連合総会の承認を得て，同総会が決定する条件に従い，国際連合の財源から報酬を受ける。

第44条（締約国の報告義務）

1　締約国は，次の場合に，この条約において認められる権利の実施のためにとった措置およびこれらの権利の享受についてもたらした進歩に関する報告を，国際連合事務総長を通じて，委員会に提出することを約束する。

　(a)　当該締約国についてこの条約が効力を生ずる時から，2年以内

　(b)　その後は5年ごと

2　この条に基づいて作成される報告には，この条約に基づく義務の履行の程度に影響を及ぼす要因および障害が存在する場合は，それらを記載する。報告には，当該締約国におけるこの条約の実施について，委員会が包括的に理解するための十分な情報もあわせて記載する。

3　委員会に包括的な最初の報告を提出している締約国は，1(b)に従って提出する以後の報告においては，以前に提出した基本的な情報を繰り返し報告しなくてもよい。

4　委員会は，締約国に対し，この条約の実施に関する追加的な情報を求めることができる。

5　委員会は，その活動に関する報告を，2年ごとに経済社会理事会を通じて国際連合総会に提出する。

6　締約国は，自国の報告を，国内において公衆に広く利用できるようにする。

第45条（委員会の作業方法）

この条約の実施を促進し，かつ，この条約が対象とする分野における国際協力を奨励するために，

　(a)　専門機関，国際連合児童基金および他の国際連合諸機関は，その権限の範囲内にある事項に関するこの条約の規定の実施についての検討に際し，代表を出す権利を有する。委員会は，専門機関，国際連合児童基金および他の資格のある団体に対し，その権限の範囲内にある領域におけるこの条約の実施について，適当と認める場合には，専門的助言を与えるよう要請することができる。委員会は，専門機関，国際連合児童基金および他の国際連合諸機関に対し，その活動の範囲内にある領域におけるこの条約の実

施について報告を提出するよう要請するとができる。

　(b)　委員会は，適当と認める場合には，技術的助言もしくは援助を要請しているか，またはこれらの必要性を指摘している締約国からの報告を，もしあればこれらの要請または指摘についての委員会の所見および提案とともに，専門機関，国際連合児童基金および他の資格のある団体に送付する。

　(c)　委員会は，国際連合事務総長が子どもの権利に関する特定の問題の研究を委員に代わって行うことを要請するよう，国際連合総会に勧告することができる。

　(d)　委員会は，この条約の第44条および第45条に従って得た情報に基づいて，提案および一般的勧告を行うことができる。これらの提案および一般的勧告は，関係締約国に送付され，かつ，締約国の所見があればそのコメントとともに，国際連合総会に報告される。

第6部　最終規定

第46条（署名）

この条約は，すべての国による署名のため開放しておく。

第47条（批准）

この条約は，批准されなければならない。批准書は，国際連合事務総長に寄託する。

第48条（加入）

この条約は，すべての国による加入のために開放しておく。加入書は，国際連合事務総長に寄託する。

第49条（効力発生）

1　この条約は，20番目の批准書または加入書が国際連合事務総長に寄託された日の後30日目の日に効力を生ずる。

2　この条約は，20番目の批准書または加入書が寄託された後に批准または加入する国については，その批准書または加入書が寄託された日の後30日目の日に効力を生ずる。

第50条（改正）

1　いずれの締約国も，改正を提案し，かつ改正案を国際連合事務総長に提出することができる。同事務総長は，直ちに締約国に改正案を送付するものとし，締約国による改正案の審議および投票のための締約国会議の開催についての賛否を同事務総長に通告するよう要請する。改正案の送付の日から4箇月以内に締約国の3分の1以上が会議の開催に賛成する場合には，同事務総長は，国際連合の主催の下に会議を招集する。会議において出席しかつ投票する締約国の過半数によって採択された改正案承認のため，国際連合総会に提出する。

2　この条の1に従って採択された改正案は，国際連合総会が承認し，かつ締約国の3分の2以上の多数が受諾した時に，効力を生ずる。

3　改正は，効力を生じた時には，改正を受諾した締約国

を拘束するものとし，他の締約国は，改正前のこの条約
の規定（受諾した従前の改正を含む）により引き続き拘
束される。

第 51 条（留保）

1　国際連合事務総長は，批准または加入の際に行われた
　留保の書面を受領し，かつすべての国に送付する。

2　この条約の趣旨および目的と両立しない留保は認めら

ロシア語およびスペイン語をひとしく正文とし，原本は，
国際連合事務総長に寄託する。

　　以上の証拠として，下名の全権委員は，各自の政府から
正当に委任を受けてこの条約に署名した。

ハイフレックス型授業のための　子ども家庭福祉　〈資料集〉

2023 年 2 月 1 日　第 1 版第 1 刷発行

●編著者	ななみ書房編集部
●発行者	長渡　晃
●発行所	有限会社　ななみ書房
	〒 252-0317　神奈川県相模原市南区御園 1-18-57
	TEL　042-740-0773
	http://773books.jp
●デザイン	内海　亨
●印刷・製本	協友印刷株式会社

©2023　NANAMI SHOBO Ltd.
ISBN978-4-910973-12-8
Printed in Japan